TINTO

Arbeitsheft
Schreiben • Lesen

von

Dr. Rüdiger Urbanek

Linda Anders

Vanessa Bollenberg

Ursula Brinkmann

Nele Granseyer

Gabriele Müller

illustriert von

Eva Czerwenka

Yo Rühmer

Cornelsen

Zum Heraustrennen

1

A
E
I
O
U

2

D
G
B
W
J
S
H
M
L

3

T
K
P
F
CH
Z
SCH
N
R

1: Anlautbuchstaben mit den passenden Anlautbildern aus dem Buchstabenhaus verbinden (2 Anlautbilder pro Vokal).
2, 3: Anlautbuchstaben mit den passenden Anlautbildern aus dem Buchstabenhaus verbinden (1 Anlautbild pro Konsonant).

1

A E I O U AU EI EU

2

M F B R D L G S

3

W H K N P Z J T

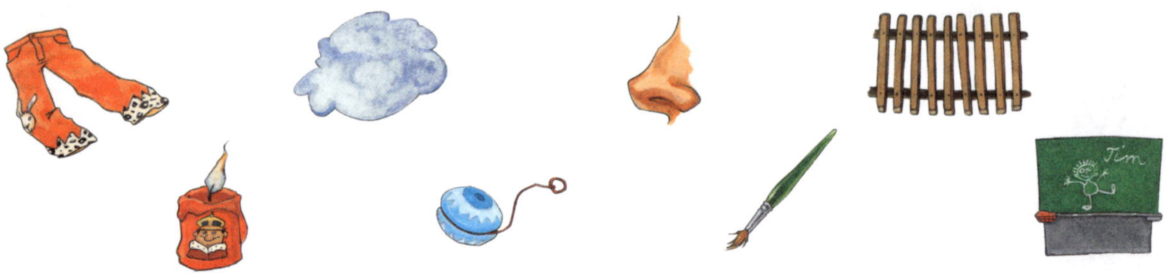

1: Anlautbuchstaben mit den passenden Anlautbildern aus dem Buchstabenhaus verbinden (2 Anlautbilder pro Vokal / 1 Anlautbild pro Diphthong). 2, 3: Anlautbuchstaben mit den passenden Anlautbildern aus dem Buchstabenhaus verbinden (1 Anlautbild pro Konsonant).

1

2

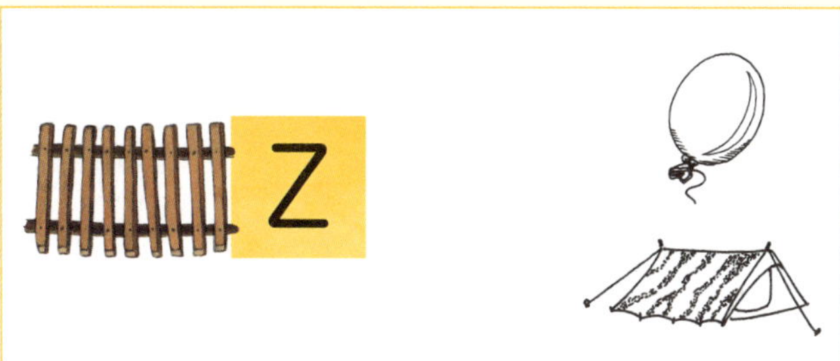

1, 2: Anlautbuchstaben (Konsonanten) mit je einem weiteren passenden Anlautbild verbinden.

1

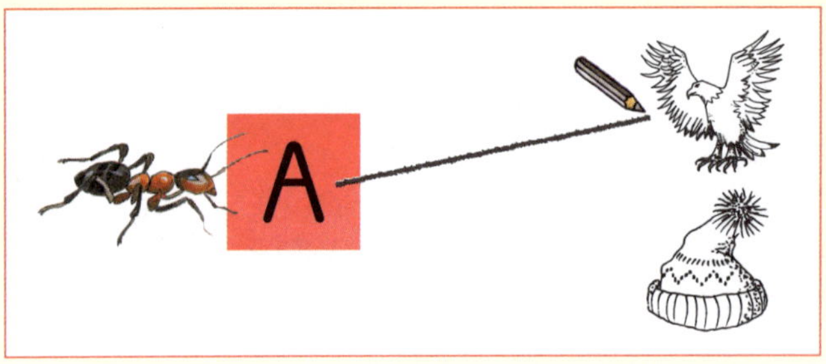

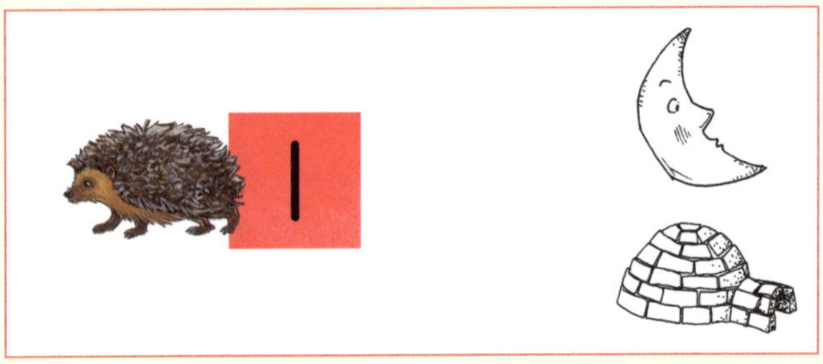

2

1, 2: Anlautbuchstaben (lange Vokale bzw. Diphthonge/Umlaute) mit je einem weiteren passenden Anlautbild verbinden.

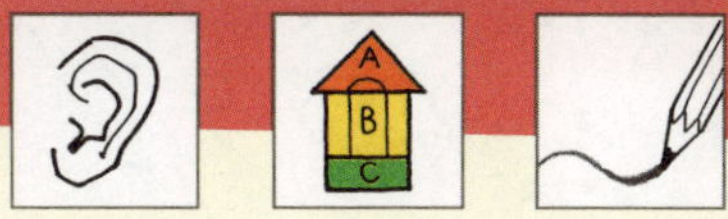

1

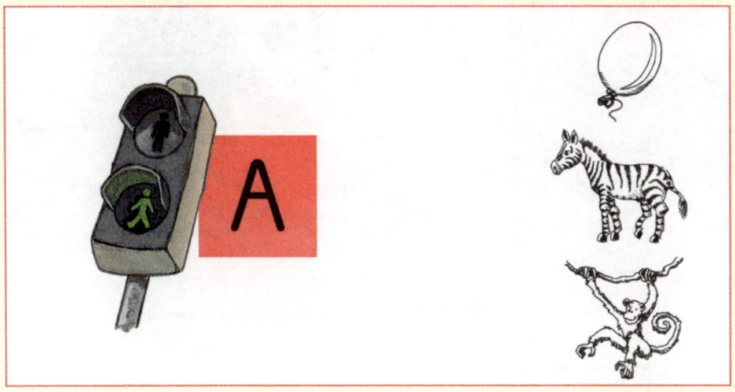

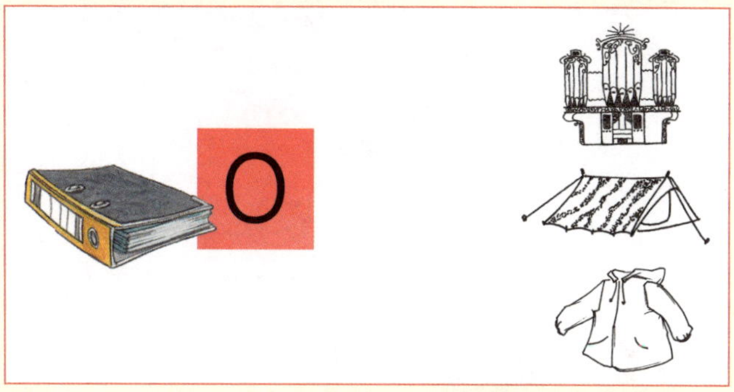

2

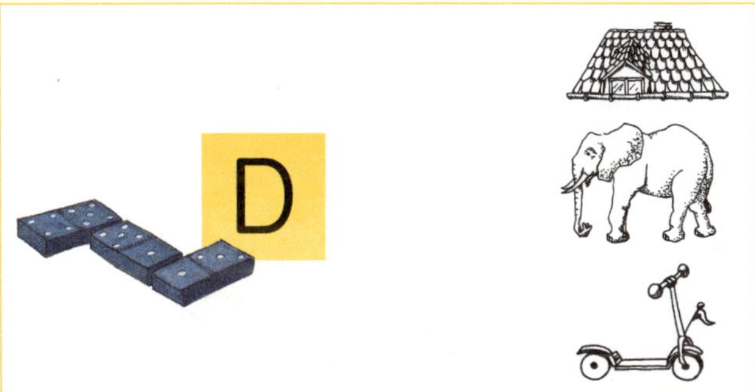

1, 2: Anlautbuchstaben (kurze Vokale bzw. Konsonanten: Plosive) mit je einem weiteren passenden Anlautbild verbinden.

1

2

3

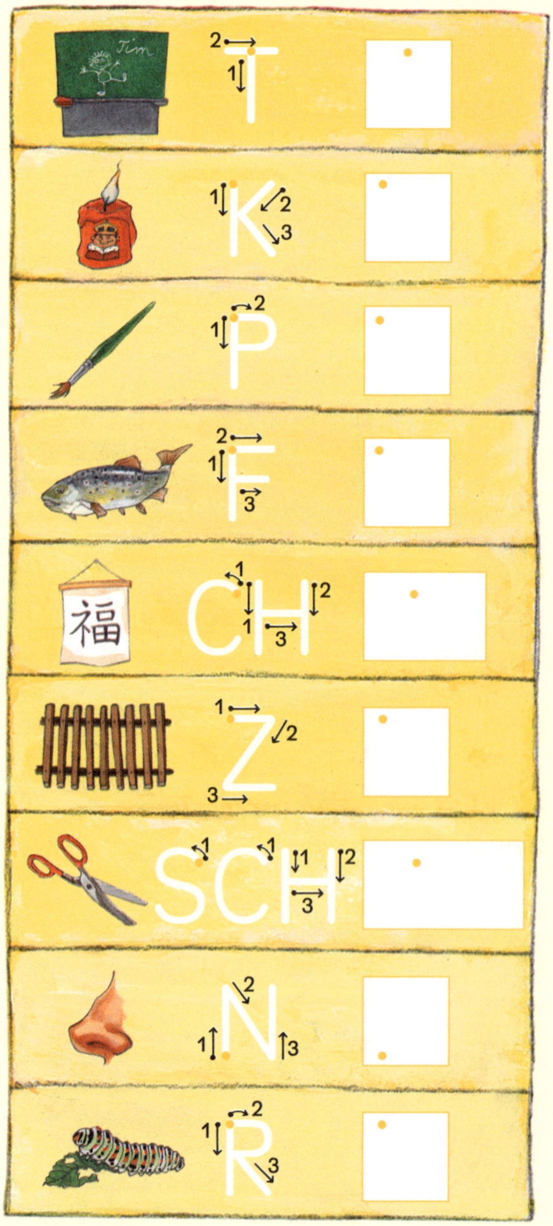

1, 2, 3: Großbuchstaben in der korrekten Schreibrichtung nachspuren und abschreiben.

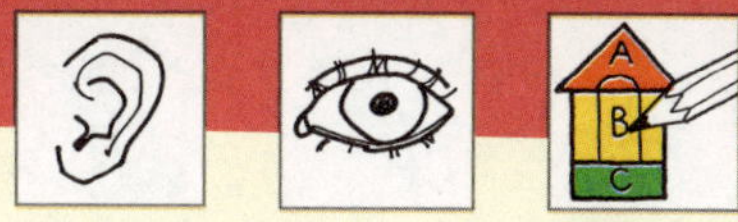

1

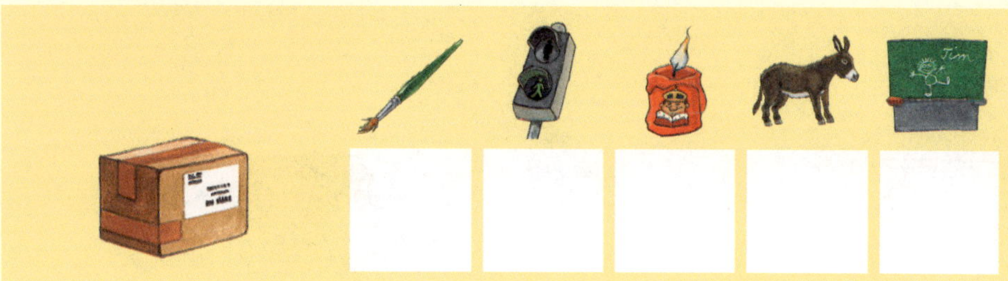

2

1, 2: Wörter „verschriften“: Anlautbuchstaben mithilfe des Buchstabenhauses unter die Anlautbilder schreiben;
Schrittfolge: s. hinten im Umschlag des Arbeitsheftes.

Ich bin ich

1

LENA FATMA JONAS TIM TINTO

1: Namen zuordnen und (ab)schreiben; Differenzierung: Nur Anlautbuchstaben schreiben.
Ein Bild von sich einkleben oder malen, Anlautbild dazu malen und den eigenen Namen schreiben.

1

1, 🐾: Silben klatschen/schwingen, Silbenbögen (mit Hilfspunkten/ohne Hilfen) zeichnen.

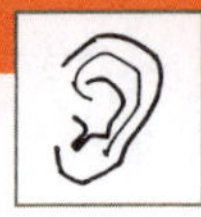

1

A

2

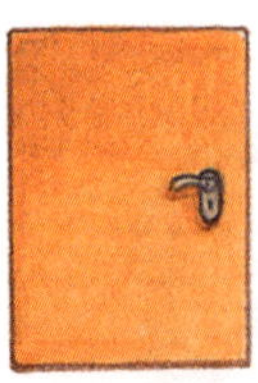

1, 2, : Wörter abhören und mithilfe des Buchstabenhauses Anlaute notieren.

Regeln

1

In der Klasse

2

In der Pause

1, 2: Angebrachtes Verhalten bunt anmalen, unangebrachtes Verhalten rot durchstreichen.

Alles gesund ?

1

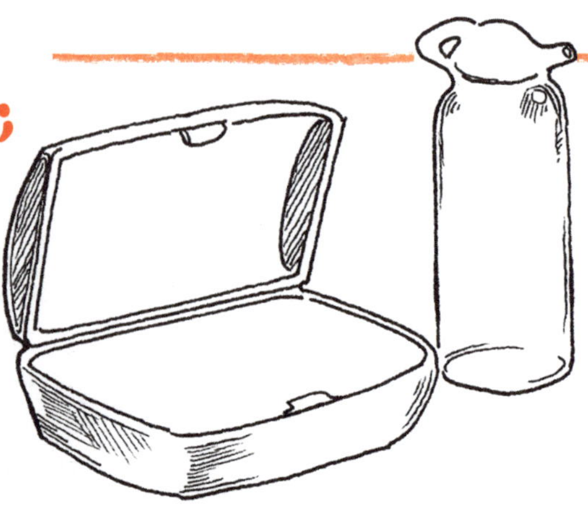

1: Für ein Schulfrühstück zu empfehlende Produkte mit dem Korb verbinden und anmalen.
: Das eigene Frühstück malen; Differenzierung: Dazu schreiben (Wörter, Satz).

1

T I M

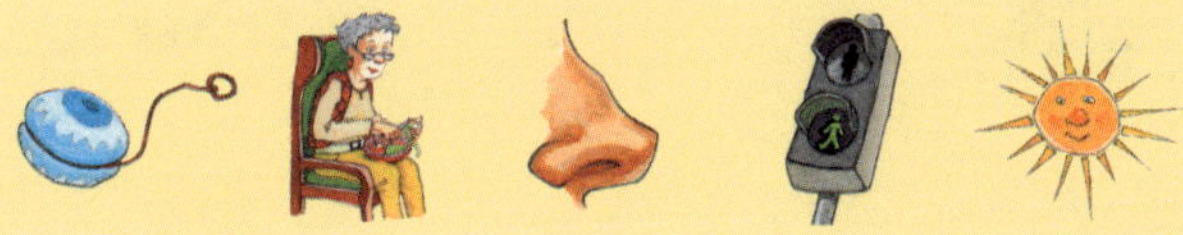

Tim

2

La ◯
Na ⊗

Ne ◯
Le ◯

En ◯
Al ◯

3

Nena ◯
Lena ◯

Leon ◯
Nele ◯

Enno ◯
Anna ◯

Alle lesen. ◯
Alle malen. ◯

1: Anlautbuchstaben mithilfe des Buchstabenhauses eintragen, Namen lesen und mit den passenden Kindern verbinden; Differenzierung: Namen mit Kleinbuchstaben aufschreiben (Hinweis: „Namen schreiben wir nur am Anfang groß!“).
2, 3, 🐾: Zum Bild passende Silbe, passendes Wort, passenden Satz ankreuzen. Differenzierung: Partnerlesen/Tandemlesen.

1

A

1, 🐾: Silben klatschen/schwingen – Silbenbögen (mit und ohne Hilfspunkte) zeichnen;
Wörter verschriften: Wörter abhören, die gehörten Laute mithilfe des Buchstabenhauses notieren;
Differenzierung: Nur Anlaute notieren; Wortschatz: vgl. Kapiteleingangsbild im Erstlesebuch, Seiten 12/13.

1

M

2

H elm

Helm

aster

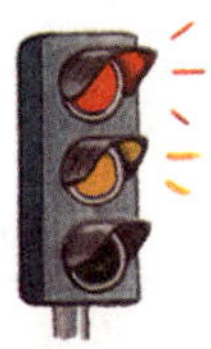

mpel

1, 2: Wörter abhören und mithilfe des Buchstabenhauses Anlaute notieren;
: Anlaute notieren und zusätzlich die Wörter abschreiben.

links oder rechts

1

1: Bei allen Fahrzeugen, die nach rechts fahren, einen roten Pfeil nach rechts unter die Abbildung malen; bei allen Fahrzeugen, die nach links fahren, einen lila Pfeil nach links unter die Abbildung malen. Differenzierung: *links* oder *rechts* unter die Fahrzeuge schreiben; Satzmuster in der Gruppe trainieren.

An der Ampel

1

rot grün gehen stehen

1: Lichter der Ampeln entsprechend dem Verhalten der Kinder rot oder grün anmalen; zu jedem Bild etwas schreiben (Wörter oder Sätze), vgl. auch Erstlesebuch, Seite 15.

An der Fahrbahn

1

1: Was könnten die Personen denken oder rufen? Wörter oder Sätze in die Sprechblasen schreiben.
In der Gruppe über angemessenes Verhalten an der Fahrbahn sprechen.

1

B

2

La
Li

Te
Ta

Mo
Mi

3

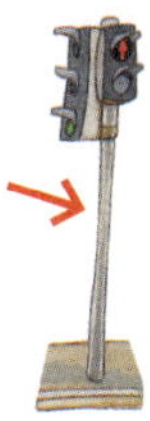

Mist
Mast

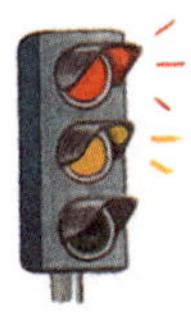

Ampel
Atlas

Tante
Tinto

Fatma ist im Bus.

Tim ist an der Ampel.

Lena ist im Auto.

1: Anlautbuchstaben mithilfe des Buchstabenhauses eintragen, Wörter lesen und mit den passenden Bildern verbinden; Differenzierung: Wörter mit Kleinbuchstaben aufschreiben (Hinweis: „Nomen schreiben wir nur am Anfang groß!“);
2, 3, 🐾: Zum Bild passende Silbe, passendes Wort, passenden Satz ankreuzen. Differenzierung: Partnerlesen/Tandemlesen.

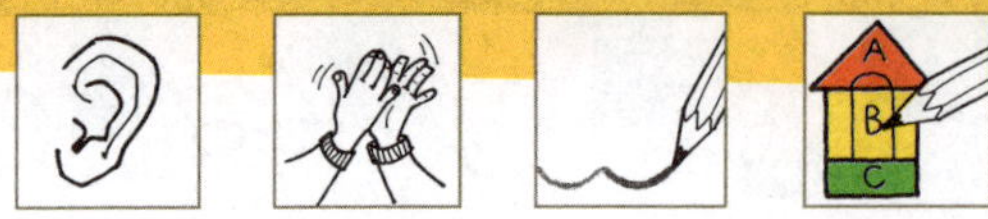

1

Blatt

tt

d

1, 🐾: Silben klatschen/schwingen – Silbenbögen (mit und ohne Hilfspunkte) zeichnen;
Wörter verschriften: Wörter abhören, die gehörten Laute mithilfe des Buchstabenhauses notieren;
Differenzierung: Nur Anlaute notieren; Wortschatz: vgl. Kapiteleingangsbild im Erstlesebuch, Seiten 20/21.

Welchen Laut hörst du am Ende?

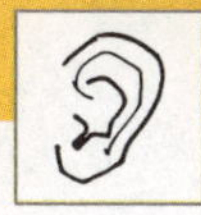  

1

l

2

Rege n

Regen

Ige

Bese

Nebe

As

Latern

1: Wörter abhören und mithilfe des Buchstabenhauses Endlaute notieren.
2: Endlaute notieren und zusätzlich die Wörter abschreiben.

Der Igel

1

Stachel

● ~~Stachel~~ ● Bauch ● Nase ● Auge ● Ohr ● Bein

2 Das frisst der Igel

1: Igel beschriften: Wörter aus dem Wortspeicher richtig zuordnen und abschreiben.
2: Geeignete Nahrung mit dem Igel verbinden und anmalen, nicht geeignete Nahrung durchstreichen;
: Wörter oder einen Satz dazu mithilfe des Buchstabenhauses schreiben.

Die Kastanie

1

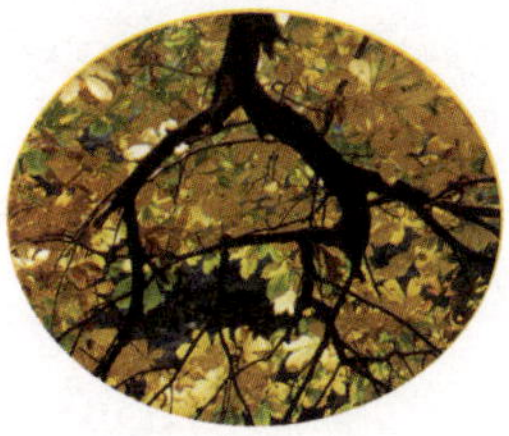

Stamm

- ~~Stamm~~
- Kastanie
- Wurzel
- Ast
- Blatt
- Rinde
- Schale

Was ist das?

ein E

1: Baum beschriften: Wörter aus dem Wortspeicher richtig zuordnen und abschreiben.
: Wörter mithilfe des Buchstabenhauses verschriften.

Herbst-Geschichten

1

sammelt bastelt bunte Blätter Kastanien

1: Freies Schreiben zum Bild mithilfe des Buchstabenhauses (Wörter, Sätze), ggf. Wortspeicher als Hilfe nutzen.
🐾: Freies Schreiben mithilfe des Buchstabenhauses im Schmuckrahmen.

1

2

Ba
Be
Bo

Ro
Ra
Re

Fi
Fe
Fa

3

Gras
Glas
Gast

Besen
Bogen
Birne

Nabel
Nebel
Nagel

Im Garten ist eine Insel.

Im Garten ist ein Igel.

Im Graben ist ein Igel.

1: Anlautbuchstaben mithilfe des Buchstabenhauses eintragen, Wörter lesen und mit den passenden Bildern verbinden; Differenzierung: Wörter mit Kleinbuchstaben aufschreiben (Hinweis: „Nomen schreiben wir nur am Anfang groß!").
2, 3, : Zum Bild passende Silbe, passendes Wort, passenden Satz ankreuzen. Differenzierung: Partnerlesen/Tandemlesen.

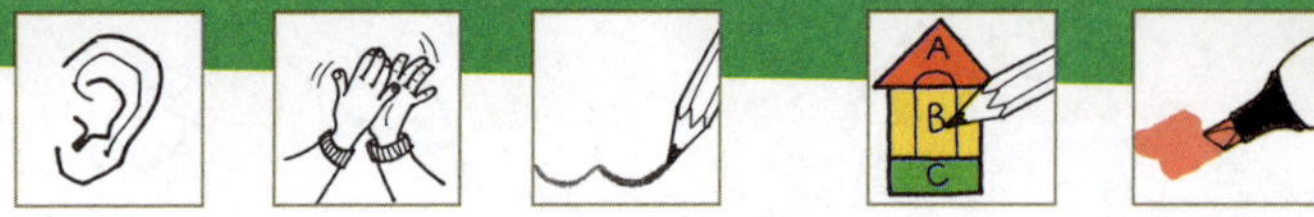

1

u e

Bruder

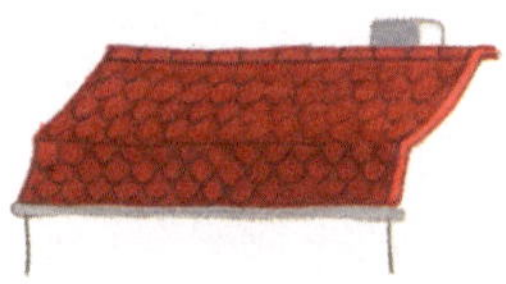

ch

nn

1, 🐾: Silben klatschen/schwingen – Silbenbögen (mit und ohne Hilfspunkte) zeichnen; Wörter verschriften;
Differenzierung: Je nach Lernsituation des Kindes Tipps zum Schreiben nutzen (Vokale markieren);
Wortschatz: vgl. Kapiteleingangsbild im Erstlesebuch, Seiten 28/29.

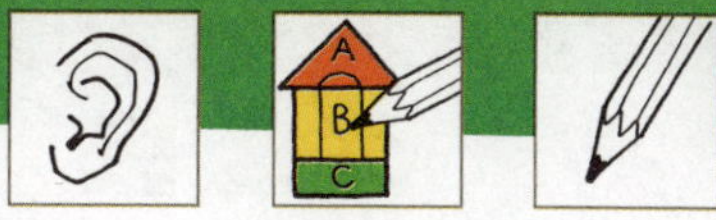

1

s

2

D o s e

Dose

B e c h e

G a b e

F o t

T e l e f o

B l u m

1: Wörter abhören und mithilfe des Buchstabenhauses Endlaute notieren.
2: Endlaute notieren und zusätzlich die Wörter abschreiben.

Freunde

1

Hallo ... , Lieber ... , Liebe ... ,

Bis bald ! Bis morgen ! LG ! Dein ... Deine ...

1: Mögliche Antwort Lenas an Tim schreiben (vgl. Erstlesebuch, Seiten 30/31), alternativ eine „E-Mail-Nachricht" an eine Freundin oder einen Freund schreiben, ggf. Wortspeicher als Hilfe nutzen.

Einkaufsliste

1

Marmelade

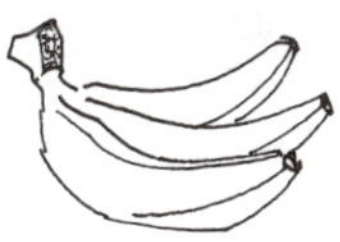

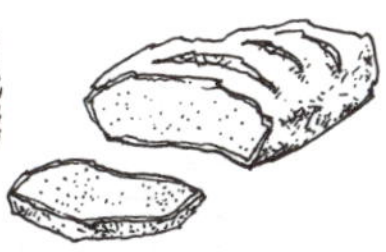

1: Lebensmittel verschriften und anmalen; Differenzierung: Nur Anlaute notieren.
: Weitere Lebensmittel verschriften und anmalen sowie sich 1-2 weitere Produkte ausdenken und aufschreiben.

Wohin mit dem Müll?

1

1: Den Abfall mit den passenden Behältern verbinden (vgl. Erstlesenbuch, Seiten 34/35).
: Linie als Möglichkeit, Wörter oder einen Satz dazu zu schreiben.

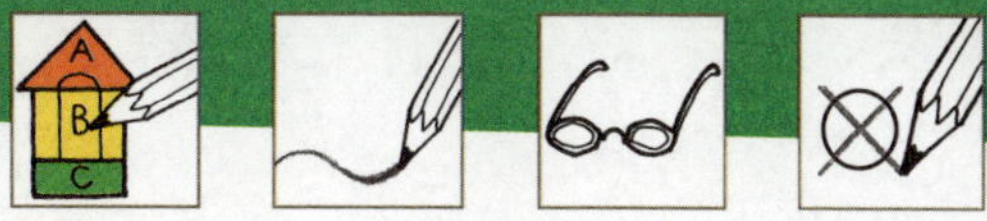

1

2

Tel
Tep
Tes

Hul
Hus
Hun

Pup
Pul
Pum

3

Brett
Brot
Bett

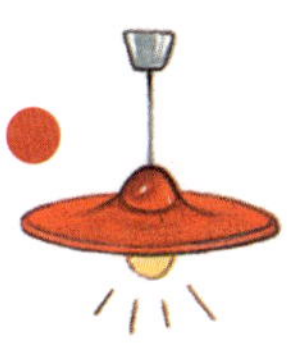

Lampe
Lappen
Latte

Torte
Tonne
Tomate

Fatma ist an der Tonne.
Tim ist an der Tonne.
Eine Tonne ist leer.
Eine Tonne ist gelb.

1: Anlautbuchstaben mithilfe des Buchstabenhauses eintragen, Wörter lesen und mit den passenden Bildern verbinden; Wörter mit Kleinbuchstaben aufschreiben (Hinweis: „Nomen schreiben wir nur am Anfang groß!").
2, 3, 🐾: Zum Bild passende Silbe, passendes Wort, passenden Satz ankreuzen. Differenzierung: Partnerlesen/Tandemlesen.

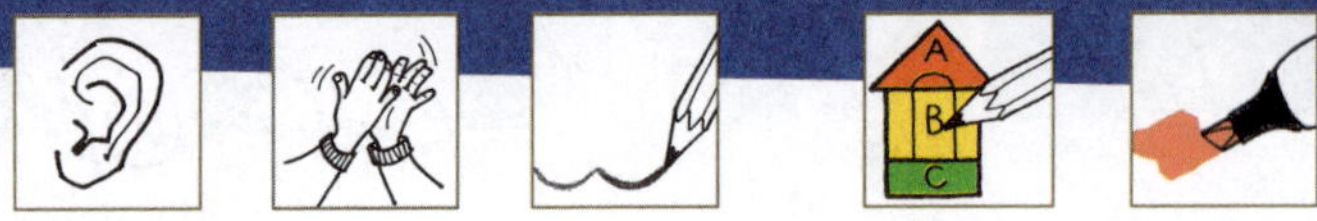

1

au e e

der Zauberer

die

der

der

das

der

der

der

ss

die

x

die

ll

der

1, : Silben klatschen/schwingen – Silbenbögen zeichnen; Wörter verschriften;
Differenzierung: Je nach Lernsituation des Kindes Tipps zum Schreiben nutzen (Vokale markieren);
Wortschatz: vgl. Kapiteleingangsbild im Erstlesebuch, Seiten 38/39.

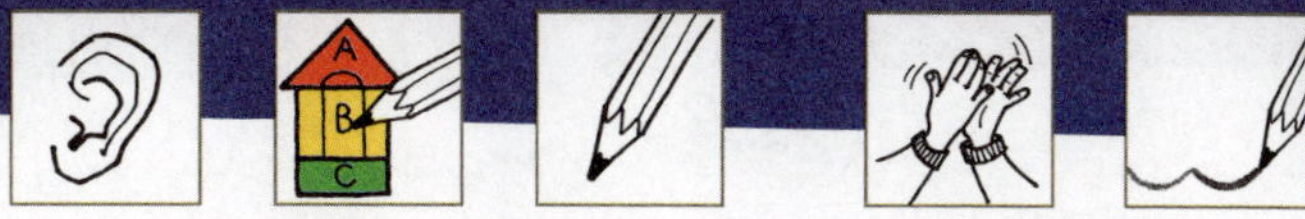

1

der T u rm — Turm

der B_s_n

die K_st_

die K_g_l

der Dr_ch_

die Kr_n_

2

das H au s

das S_l

das F_ _r

die M_s

das Z_b_rb_ch

die Fl_d_rm_s

1: Dachbuchstaben (Vokale a, e, i, o, u) einsetzen, Wörter abschreiben.
2, 🐾: Wörter mit Diphthongen (au, ei und eu) vervollständigen und abschreiben, Silbenbögen einzeichnen.

Wer bin ich?

1

Ich reite
auf einem Besen.

die

Ich habe
rote Haare.

Ich habe
eine schwarze
Augenklappe.

Ich fliege
nur in der Nacht
um den Turm.

Ich habe
eine Krone.

Ich habe ein
Zauberbuch.

Ich habe
eine seltsame Nase
mit blauen Punkten.

Ich

die Pippi das Gespenst ~~die Hexe~~ das Sams
der Pirat der Zauberer die Prinzessin

1: Mithilfe des Kapiteleingangsbildes im Erstlesebuch (S. 38/39) die Rätsel lösen, passende Namen zuordnen und aufschreiben (Wortspeicher als Hilfe nutzen).
: Selbst ein Rätsel zu einer weiteren Figur schreiben und von Partnerkindern lösen lassen.

Ein Zaubertier

1

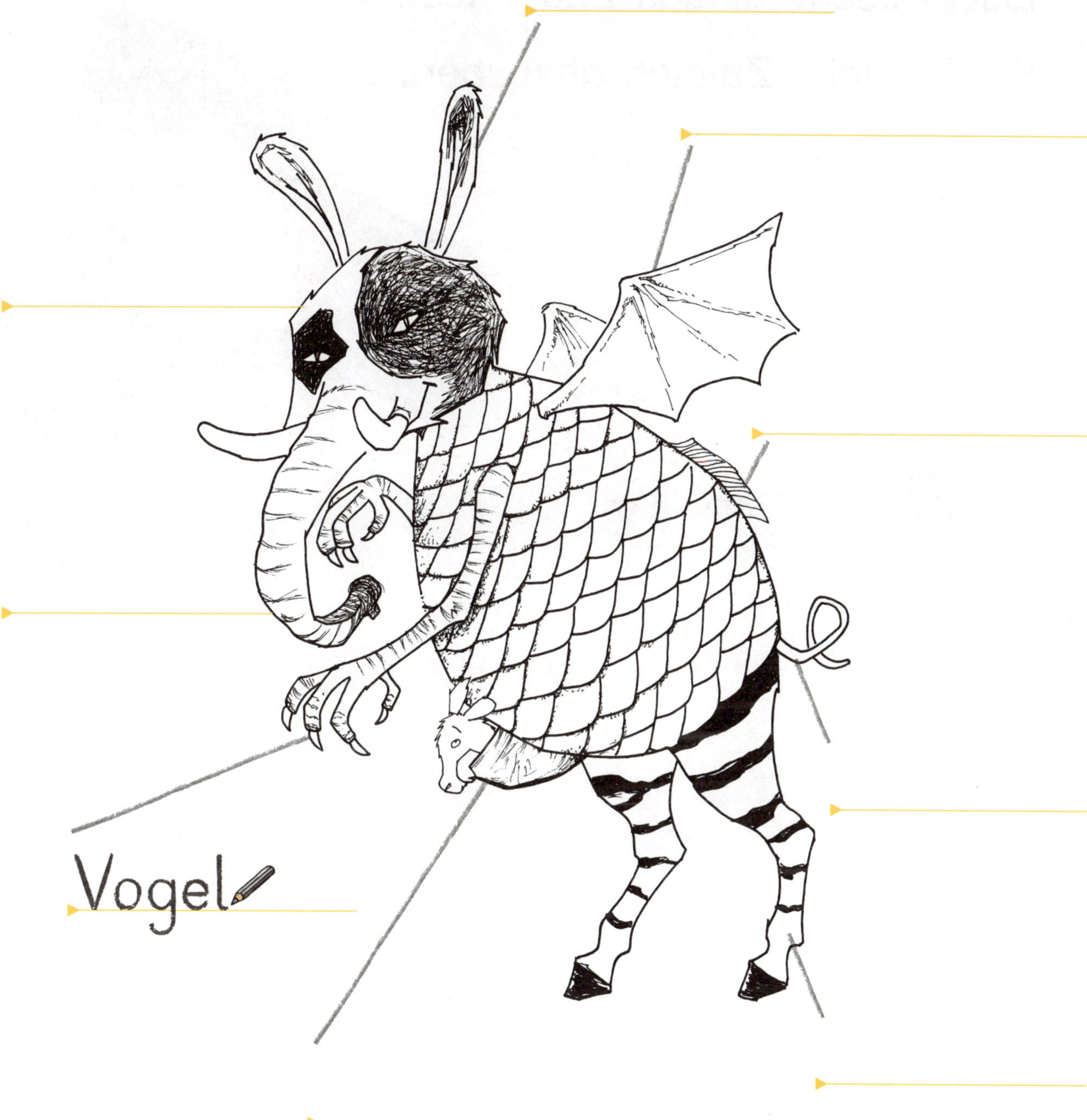

Wie nennst du das Tier?

1: An jeden Körperteil schreiben, zu welcher Tierart er gehört.
: Dem Zaubertier einen Namen geben;
Differenzierung: Ein eigenes Zaubertier erfinden und malen.

So kocht Lisbet

1

Lisbet kocht für das Zauberfest.

Sie hat tolle Zutaten gezaubert.

Was kommt in die Suppe?

Spinnen beine Stinke käse Fliegen pilze Schlangen haut ...

1: Zutaten ausdenken und in den Topf malen;
Rezept oder Geschichte dazu ausdenken und aufschreiben (vgl. Erstlesebuch, Seiten 44/45), ggf. Wortspeicher als Hilfe nutzen.

1

2

Kegel
Kabel
Kugel

Wurzel
Warze
Wolke

Schlamm
Schloss
Schluss

3

ein alter Zauberer
eine braune Ziege
ein altes Zauberbuch

eine kleine Kugel
eine goldene Krone
ein schwarzer Kater

Lies und male:
Der Zauberer hat einen schwarzen Hut auf dem Kopf. Sein Mantel ist blau. Aus der Kiste schaut ein Kaninchen. Die Kiste ist rot.

1: Anlautbuchstaben mithilfe des Buchstabenhauses eintragen, Wörter lesen und mit den passenden Bildern verbinden; Wörter mit Kleinbuchstaben aufschreiben (Hinweis: „Nomen schreiben wir nur am Anfang groß!“).
2, 3: Zum Bild passendes Wort, passende Wortgruppe ankreuzen.
: Bild entsprechend den Satzaussagen anmalen und ergänzen. Differenzierung: Partnerlesen/Tandemlesen.

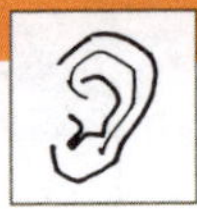  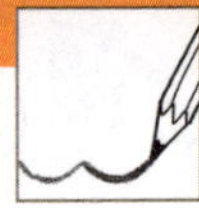  

1

ä e

ä

das Mädchen

der

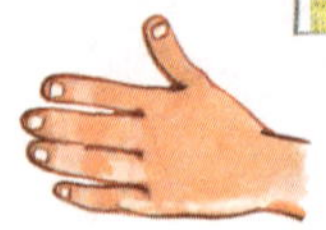

d

die

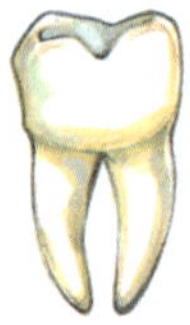

ah

der

die

der

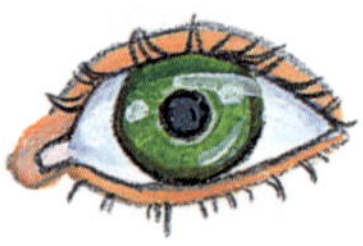

das

der

d

der

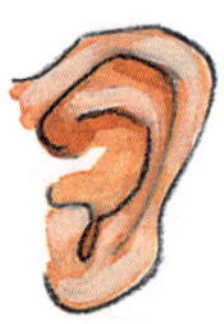

Oh

das

Ä

die

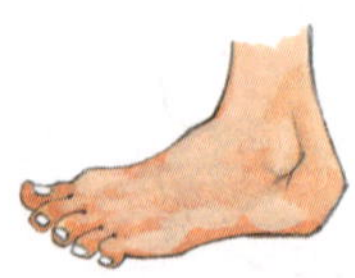

ß

der

1, 🐾: Silben klatschen/schwingen – Silbenbögen zeichnen; Wörter verschriften;
Differenzierung: Je nach Lernsituation des Kindes Tipps zum Schreiben nutzen (Vokale markieren);
Wortschatz: vgl. Kapiteleingangsbild im Erstlesebuch, Seiten 48/49.

Einzahl → Mehrzahl:
a → ä
o → ö
u → ü

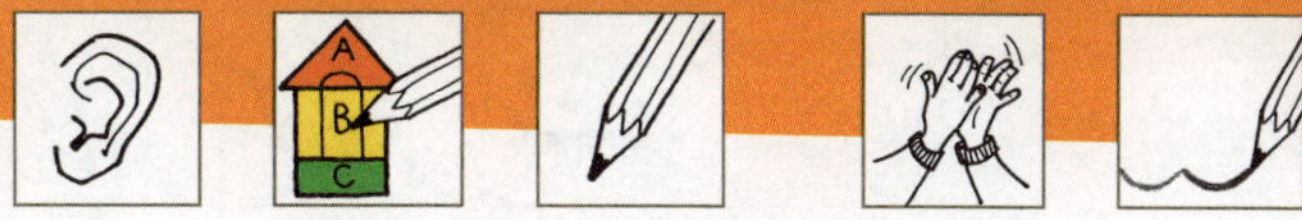

1

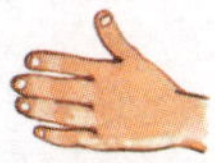

die Hand — Hand → 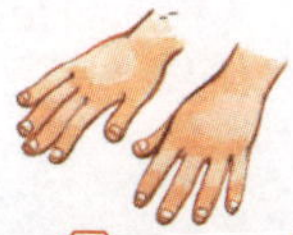 die Hände — Hände

der K_pf →  die K_pf_

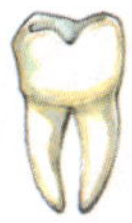

der Z_hn → 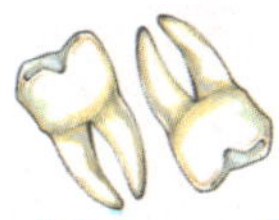 die Z_hn_

2

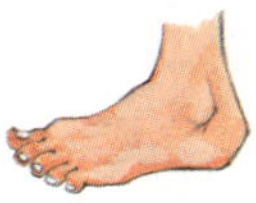

der F_ß →  die F_ß_

der Z_pf →  die Z_pf_

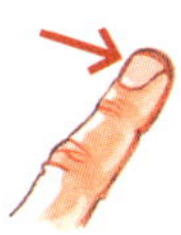 der F_ng_rn_g_l 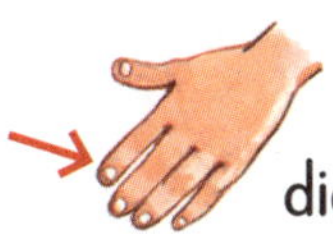 die F_ng_rn_g_l

→

1: Dachbuchstaben (Vokale a, e, i, o, u; Umlaute ä, ö, ü) einsetzen, Wörter abschreiben.
2, 🐾: Wörter mit Dachbuchstaben (a, e, i, o, u, ä, ö, ü) vervollständigen und abschreiben, Silbenbögen einzeichnen.

Mein Körper

1

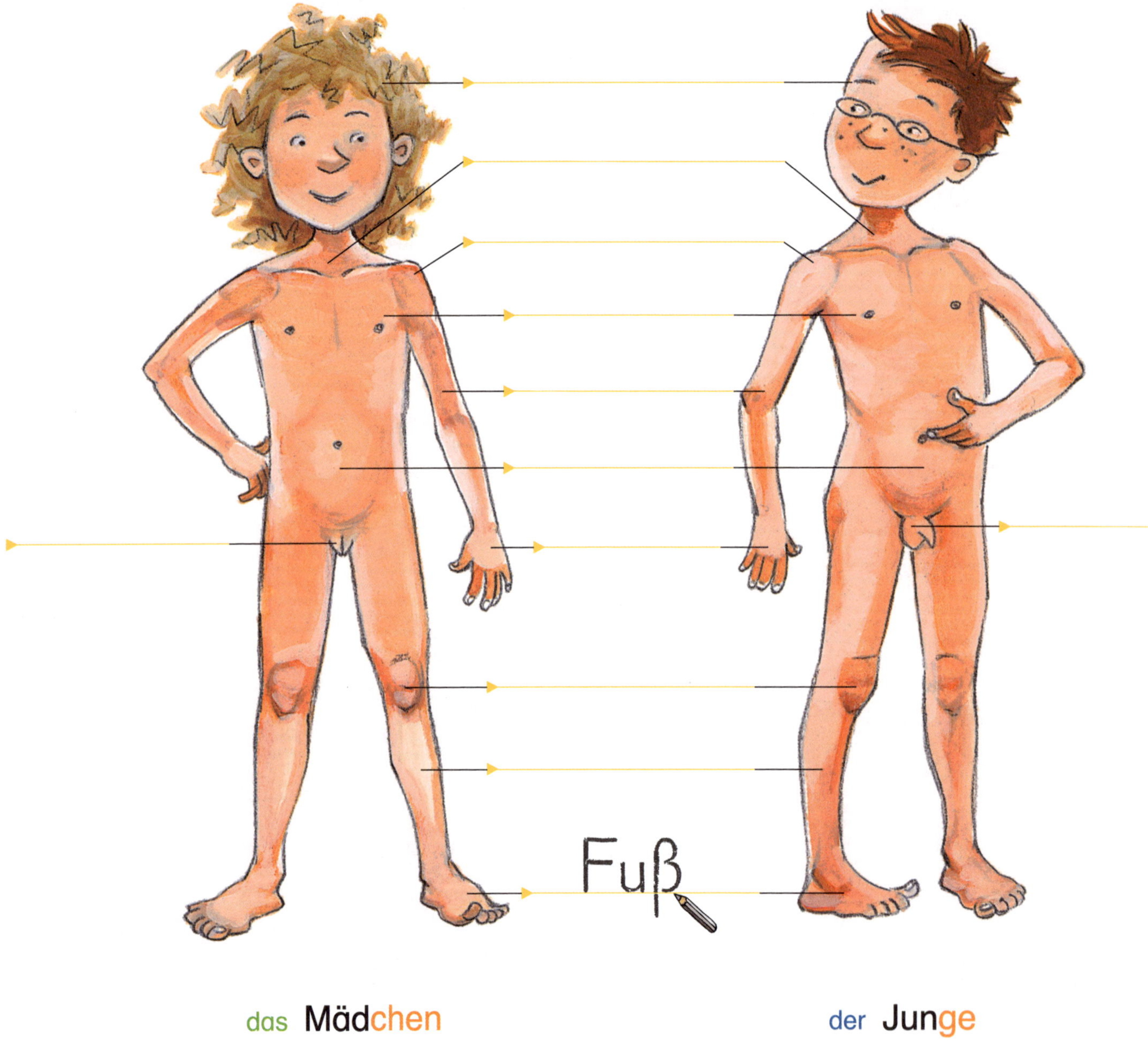

~~der Fuß~~ der Kopf der Arm der Hals der Bauch der Penis
die Brust die Hand die Schulter die Scheide
das Knie das Bein

1: Körperteile mithilfe des Wortspeichers beschriften: Wörter richtig zuordnen und abschreiben; in der Gruppe den Unterschied zwischen Junge und Mädchen herausarbeiten.

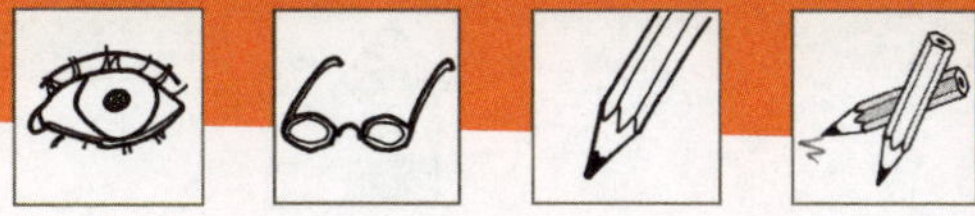

Meine Zähne

1

Schau dir deine Zähne im  an.
Zähle deine Zähne allein oder mit einem Partner:

Ich habe ☐ Lücken.

Ich habe ☐ Wackelzähne.

Ich habe ☐ bleibende Zähne.

2 Beschrifte das Gebiss.

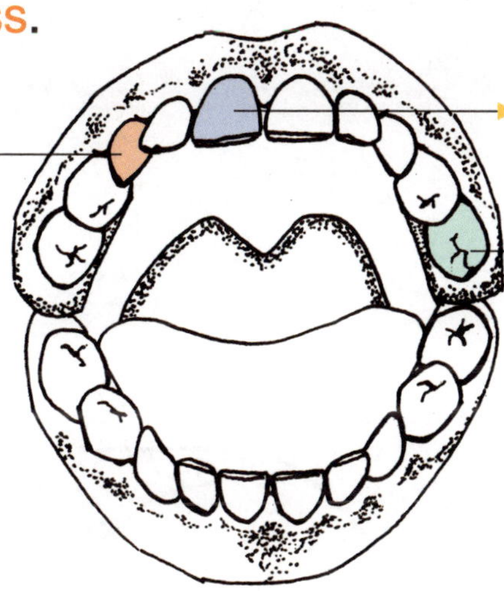

der Backenzahn   der Eckzahn   der Schneidezahn

3

Male alle Schneidezähne blau an. Es sind ☐.

Male alle Eckzähne rot an. Es sind ☐.

Male alle Backenzähne grün an. Es sind ☐.

Insgesamt sind ☐ Milchzähne im Gebiss.

1, 2, 3: Arbeitsaufträge lesen und Aufgaben entsprechend lösen.
: Alle Zähne (s. Aufgabe 2 und 3) zusammenzählen: 20 Milchzähne sind im Gebiss eines Kindes.
(Zum Vergleich: Das Gebiss eines Erwachsenen hat 28 Zähne ohne die Weisheitszähne, s. Erstlesebuch, Seite 53.)

Meine Zahn-Geschichte

1

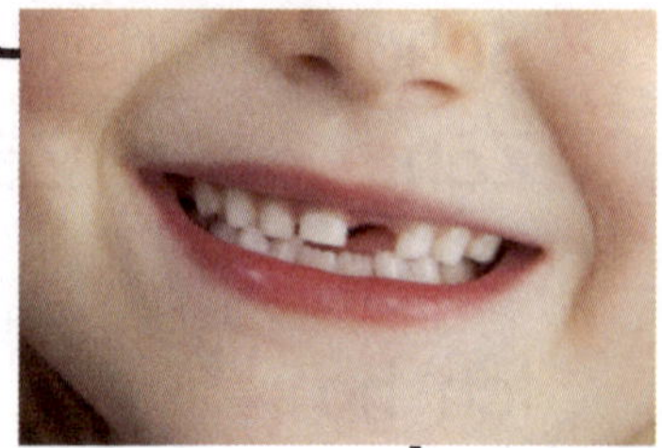

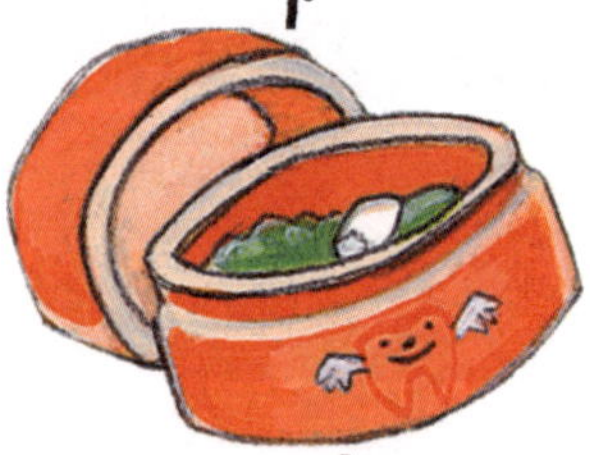

Wackelzahn Zahnfee Milchzahn Überraschung

Loch Zahnarzt Dose Lücke

wackeln ziehen bluten

1: Eigenes (oder erfundenes) Zahnerlebnis aufschreiben, ggf. Wortspeicher als Anregung nutzen; Differenzierung: Geschichten aus dem Erstlesebuch (S. 54) als Muster nehmen.

1

Arm
Art
Arzt

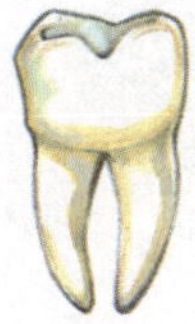

Zahl
Zahn
Zeh

Männchen
Mädchen
Märchen

2

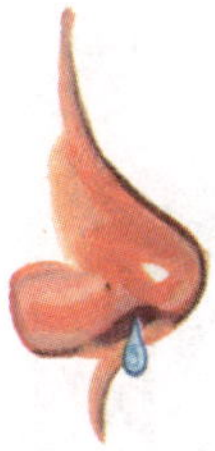

ein blaues Auge
ein dicker Hals
eine rote Nase

ein gesunder Körper
ein blutiges Knie
ein krankes Kind

3

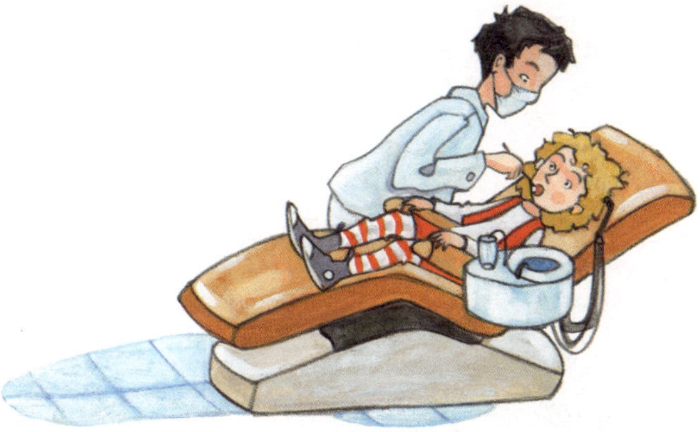

Leon ist beim Kinderarzt.
Lena ist beim Augenarzt.
Lena ist beim Zahnarzt.

Lies und male:
Lena zieht sich an:
Lenas Unterhose ist grün.
Das Unterhemd ist gelb.
Ihre Socken sind blau.
Oh! Da ist ein Loch
in Lenas Socke!
Der dicke Zeh guckt heraus!

1, 2, 3: Zum Bild passendes Wort, passende Wortgruppe, passenden Satz ankreuzen.
: Bild entsprechend den Satzaussagen anmalen und ergänzen;
Differenzierung: Partnerlesen/Tandemlesen.

1

die

das

die

die

die

die

das

der

V

der

nn

die

mm

der

ck

die

1, 🐾: Silben klatschen/schwingen – Silbenbögen zeichnen; Wörter verschriften;
Differenzierung: Je nach Lernsituation des Kindes Tipps zum Schreiben nutzen (Vokale markieren);
Wortschatz: vgl. Kapiteleingangsbild im Erstlesebuch, Seiten 58/59.

-el oder -er?

1

Vog el ____

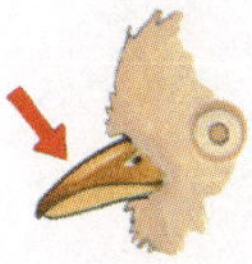
Schnab ____

Fed ____

Flüg ____

Mess ____

Stäng ____

Roll ____

Käf ____

Wurz ____

Gärtn ____

Wass ____

Zwieb ____

2

-el	-er
der Vogel	

1: Wörter abhören und die richtige Endung ergänzen.
2: Wörter von Aufgabe 1 in der Tabelle ordnen und mit Artikel (farbige Artikelpunkte als Hilfe nutzen) abschreiben.

Früh blüher

1

die Hyazinthe

die Tulpe ~~die Hyazinthe~~ die Oster glocke
der Krokus das Schnee glöckchen

2

die

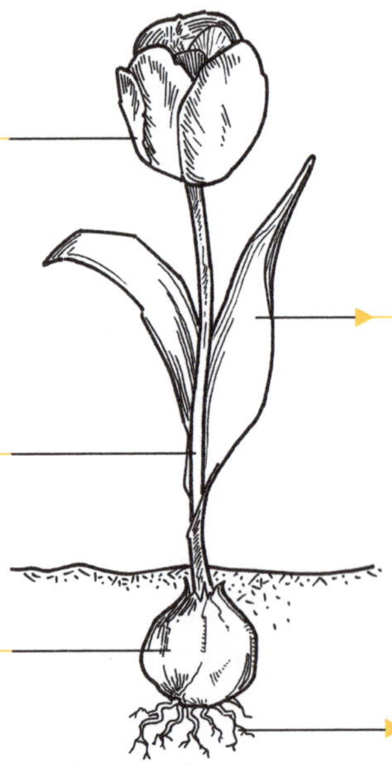

das Blatt der Stängel die Wurzel die Blüte die Zwiebel

1: Blumen erkennen, mithilfe des Wortspeichers beschriften und richtig anmalen (vgl. Erstlesebuch, Seite 61).
2: Die Teile der Tulpe mithilfe des Wortspeichers richtig beschriften und anmalen (vgl. Erstlesebuch, Seite 63).

Die Amsel

1

das Männchen das Weibchen

das Auge ~~der Lauf~~ der Flügel der Schnabel der Schwanz

2 Das Männchen ist schwarz.
Der Schnabel ist gelb.
Um die Augen hat es
einen gelben Ring.
Jeder Lauf ist braun.

Das Weibchen ist braun.
Der Schnabel ist braun.
Die Läufe sind auch braun.

Die Eier der Amsel sind hellblau.
Sie haben braune Punkte.

1: Die Körperteile der Amsel mithilfe des Wortspeichers richtig beschriften.
2: Beide Amseln mithilfe des Textes richtig anmalen.
: Eier mithilfe des Textes richtig anmalen.

Das weiß ich von der Amsel

1

Die Amsel legt

Eier	Nest	Junges	Wurm	legt	brütet	schlüpft	füttert

1: Zu jedem Bild mindestens einen Satz schreiben (vgl. Erstlesebuch, Seiten 64/65), Wortspeicher ggf. als Hilfe nutzen; Differenzierung: Passende Sätze aus dem Erstlesebuch oder passende Wörter aus dem Wortspeicher abschreiben.

1

Vase
Vater
Vogel

Stapel
Stängel
Stein

Spinne
Spinat
Spaten

2

ein junges Schaf
ein junger Hase
eine junge Meise

vier kleine Eier
vier kleine Vögel
vier kleine Würmer

3

Zwei Hühner picken Körner.
Zwei Hasen knabbern Möhren.
Zwei Hamster fressen Salat.

Am Himmel scheint die Sonne.

Im Garten blühen viele ______.

Eine Amsel brütet im ______.

Ein junger Vogel schlüpft aus dem ______.

Die Meise hat einen Wurm im ______.

Schnabel

Sonne

Nest

Tulpen

Ei

1, 2, 3: Zum Bild passendes Wort, passende Wortgruppe, passenden Satz ankreuzen.
: Sätze mithilfe der Wortabbildungen sinnvoll ergänzen;
Differenzierung: Partnerlesen/Tandemlesen.

1

der

der

das

ss

das

das

ä

der

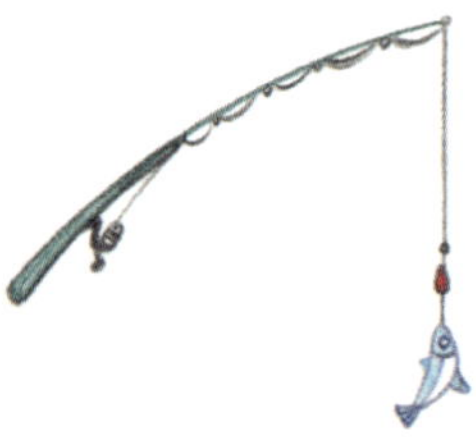

die

ff

das

der

der

oo

das

Pf

die

1, 🐾: Silben klatschen/schwingen – Silbenbögen zeichnen; Wörter verschriften;
Differenzierung: Je nach Lernsituation des Kindes Tipps zum Schreiben nutzen (Vokale markieren);
Wortschatz: vgl. Kapiteleingangsbild im Erstlesebuch, Seiten 68/69.

1 Schreibe die Wörter auf. Ergänze die Silbenbögen.

Bach

2 Mach nach jedem Wort einen Strich.
Schreibe den Satz mit Lücken auf.

Tinto|steht|im|Regen.

Tinto steht

DieEnteschwimmtimSee.

LenahüpftinsWasser.

DerKapitänsteuertdasSchiff.

1: Wörter mithilfe des Buchstabenhauses verschriften (pro Strich/Kasten ein Laut!), Silbenbögen setzen.
2: Wortgrenzen markieren und Sätze aufschreiben (Wortlücken und Punkt am Satzende beachten!).

Wer tut was?

1 Trage die Wörter richtig ein. Markiere die Endungen.

schwimmen	er schwimmt
angeln	er
stehen	er
sitzen	sie
rennen	er

rennt ~~schwimmt~~ sitzt angelt steht

2 Ergänze die Sätze mit den Wörtern von Aufgabe 1.

Der Angler ____________________ einen Fisch.

Der Kapitän ____________________ auf dem Boot.

Tinto ____________________ über das Dach.

Der Hund ____________________ im Wasser.

Die Kranführerin ____________________ im Kran.

1: Verben in der richtigen Personalform in die Tabelle eintragen, Endungen markieren, Wortspeicher als Hilfe nutzen.
2: Sätze mithilfe der Bilder und Verben aus Aufgabe 1 sinnvoll ergänzen.

Was schwimmt, was sinkt?

1 Tragt noch mehr Dinge in die Tabelle ein.
Kreuzt an, was schwimmt und was sinkt.

	das schwimmt	das sinkt
ein Euro		
ein Schiff		
ein Ball		
eine Kartoffel		

1: Versuch gemeinsam ausführen und Ergebnisse in die Tabelle eintragen (vgl. Erstlesebuch, Seite 74).

Piratenkater Pavarotti

1 Male und schreibe, was in der Schatzkiste sein könnte.

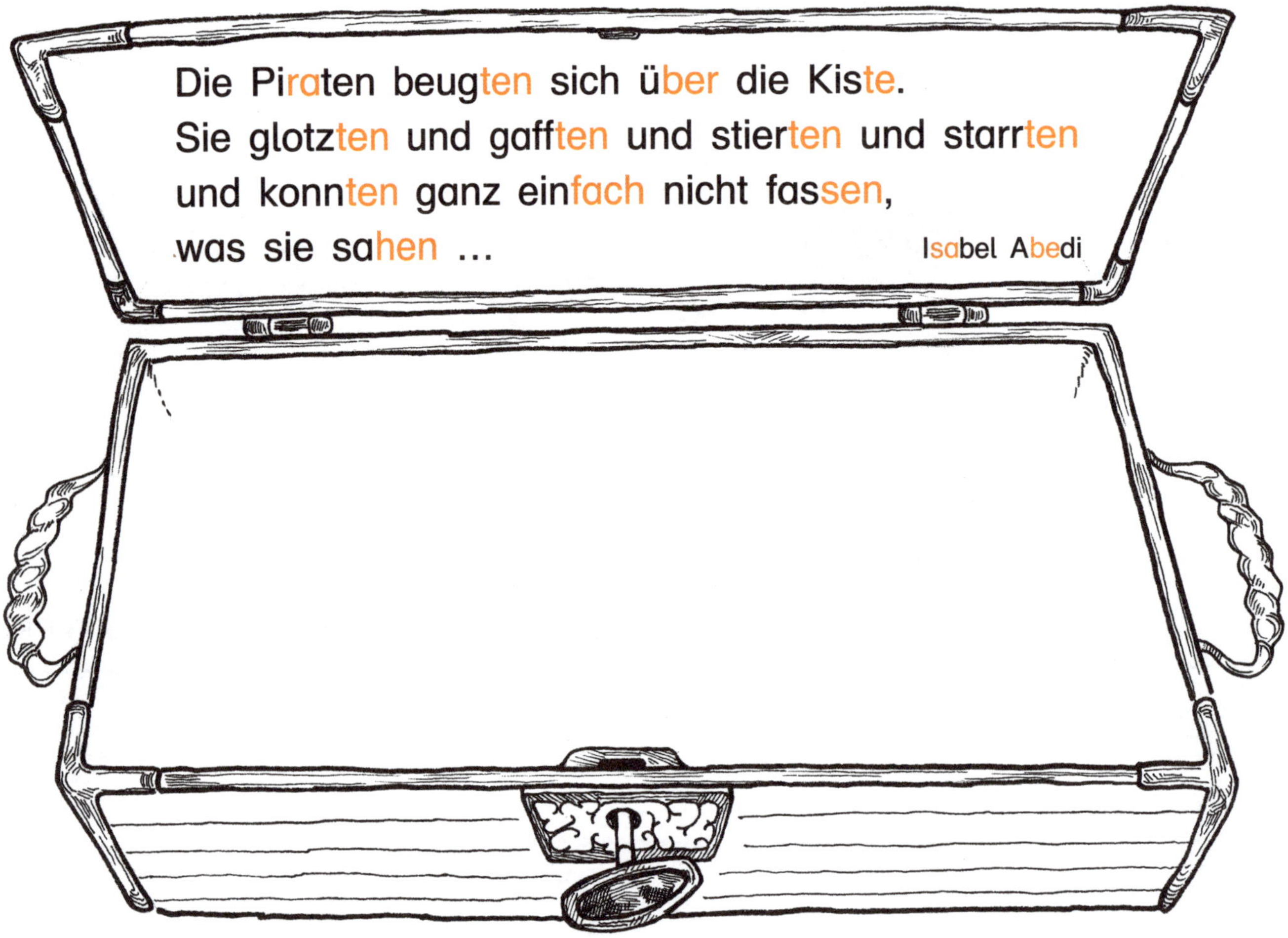

1: Sich möglichen Inhalt der Schatzkiste ausdenken, diesen malen und aufschreiben
(Anfang der Geschichte „Piratenkater Pavarotti“ von Isabel Abedi: s. Erstlesebuch, Seiten 76/77).

1

ein kleines Pflaster
ein spitzer Pfosten
eine tiefe Pfütze

eine schwarze Angel
ein schwerer Anker
ein schöner Apfel

2

Zwei Kinder sitzen im Segelboot.
Tim und Tinto sitzen im Kanu.
Zwei Kinder sitzen im Ruderboot.

3 Lies und male:

Im Eimer ist ein Fisch.
Der Eimer ist grün.
An der Angel hängt ein alter Schuh.
Neben dem Eimer ist eine Pfütze.

Die Frau angelt einen ______________________.

Der Matrose trägt einen ______________________.

Die Ente schwimmt auf dem ______________________.

Der Pirat entert das ______________________.

Auf dem Schiff weht eine ______________________.

Fahne

Sack

See

Schiff

Fisch

1, 2: Zum Bild passende Wortgruppe, passenden Satz ankreuzen.
3: Bild entsprechend den Satzaussagen ergänzen und anmalen.
: Sätze mithilfe der Wortabbildungen sinnvoll ergänzen; Differenzierung: Partnerlesen/Tandemlesen.

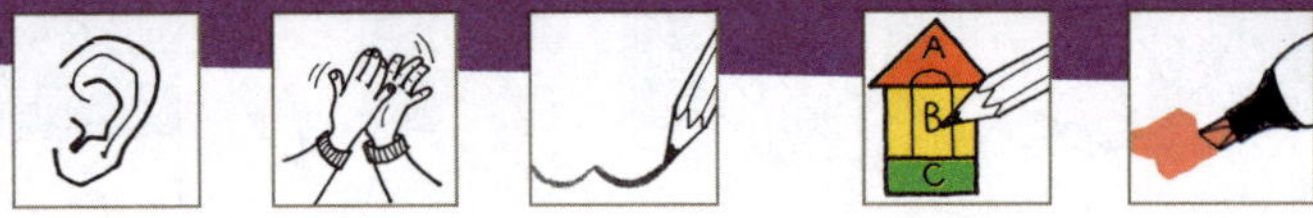

1

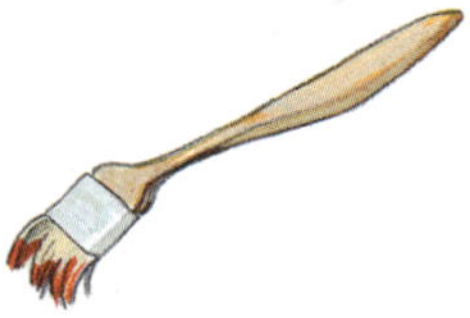

der

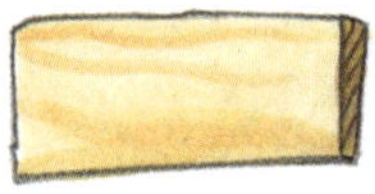

das

der

ä

die

die

der

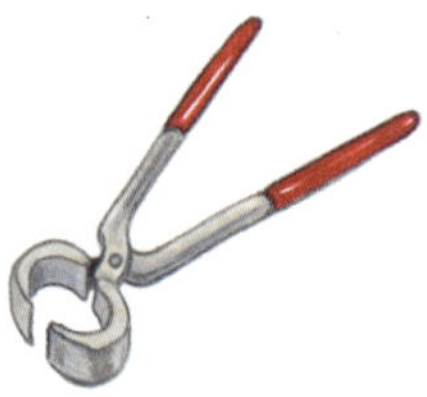

die

mm

der

St

der

gg

der

ll

die

der

1, 🐾: Silben klatschen/schwingen – Silbenbögen zeichnen; Wörter verschriften;
Differenzierung: Je nach Lernsituation des Kindes Tipps zum Schreiben nutzen (Vokale markieren);
Wortschatz: vgl. Kapiteleingangsbild im Erstlesebuch, Seiten 78/79.

1 Schreibe die Wörter auf. Ergänze die Silbenbögen.
Achte auf die Endungen **-el**, **-er**, **-en**.

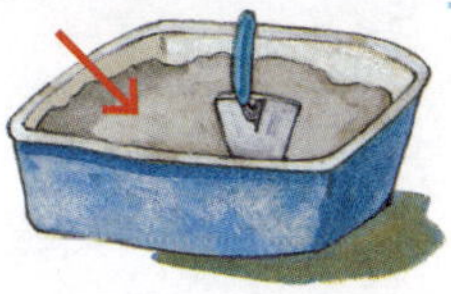

Mörtel

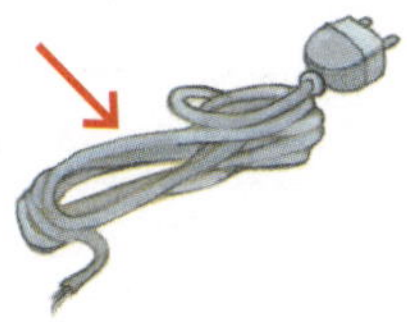

2 Schreibe die Wörter auf. Ergänze die Silbenbögen.
Achte auf das **äu**.

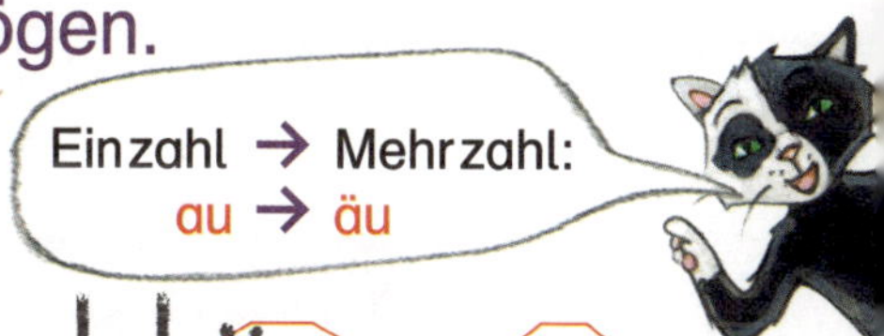

 das Haus →  die Häuser

 der →  die

 der →  die

 die →  die

Was Handwerker tun

1 Trage die Wörter richtig ein. Markiere die Endungen.

1	flitzen	ich flitze
2	tragen	ich
3		
4		
5		
6		

~~tragen~~ trinken ~~flitzen~~ kleben schleppen streichen

2 Ergänze die Sätze mit den Wörtern von Aufgabe 1.

Ich ______________________ die Tapete.

Ich ______________________ die Scheibe.

Ich ______________________ die Wand.

Ich ______________________ den Sack.

Ich ______________________ Wasser.

Ich ______________________ zum Klo.

1: Verben in der Grund- und Personalform in die Tabelle eintragen, Endungen markieren, Wortspeicher als Hilfe nutzen.
2: Sätze mithilfe der Bilder und Verben aus Aufgabe 1 sinnvoll ergänzen.

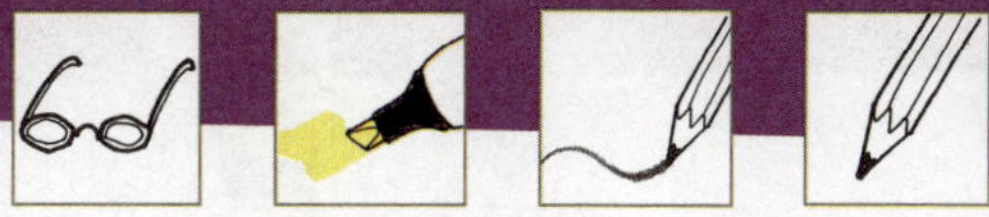

Berufe auf der Baustelle

1 Lies die Texte und markiere die Berufe.
Verbinde die Texte mit den passenden Bildern.

Der Elektriker verlegt Stromkabel im ganzen Haus.	Die Malerin streicht die Wände an.	Die Gärtnerin pflanzt Bäume in den Garten.

Der Klempner verlegt Rohre für das Wasser und die Heizung.	Die Glaserin setzt die Scheiben ein.	Der Zimmermann baut den Dachstuhl aus Latten und Balken.

2 Verbinde die Satzteile zu sinnvollen Sätzen.
Schreibe die Sätze auf.

Der Schreiner	klebt	den Baum.
Die Malerin	baut	die Tapete.
Die Gärtnerin	pflanzt	die Treppe.

Punkt nicht vergessen!

Mein Traumhaus

1 Male dein Traumhaus.

2 Schreibe etwas über dein Traumhaus.
Wie sieht es aus? Woraus ist es gebaut?
Was kannst du darin machen?

Mein Haus hat … Mein Haus ist aus … In meinem Haus kann man …

1: Traumhaus malen.
2: Sätze oder Geschichte dazu schreiben.

1

ein großer Quatsch
ein dicker Quast
ein weißer Qualm

viele bunte Häuser
viele bunte Zäune
viele große Bäume

2

Der Dachdecker holt seine große Axt.
Der Dachdecker verlegt Kabel im Haus.
Der Dachdecker legt Ziegel auf das Dach.

3

Lies und male:
Das Dach ist blau.
Das runde Fenster ist gelb.
Der Schornstein ist grün.
Tinto läuft über das Dach.
Aus dem Schornstein qualmt Rauch.

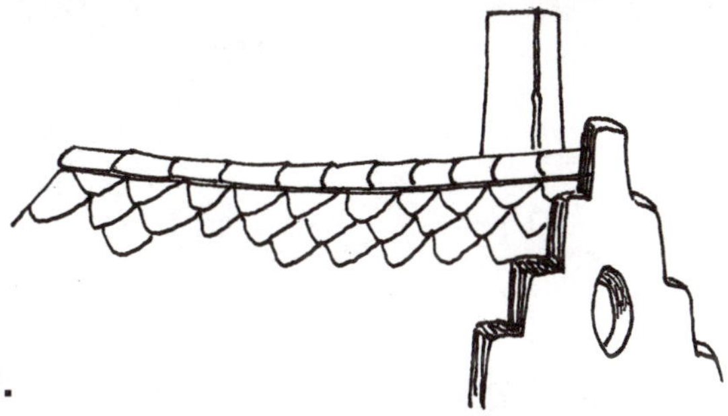

Auf dem Dach wehen zwei Fahnen.
Murat hat eine Säge in der Hand.
In der Kiste ist eine Wasserwaage.
Im Brett steckt ein krummer Nagel.
Tim malt das Brett weiß an.
Lena gibt Tim eine Zange.

1, 2: Zum Bild passende Wortgruppe, passenden Satz ankreuzen.
3: Bild entsprechend den Satzaussagen anmalen und ergänzen.
: Zum Bild passenden Satz ankreuzen;
Differenzierung: Partnerlesen/Tandemlesen.

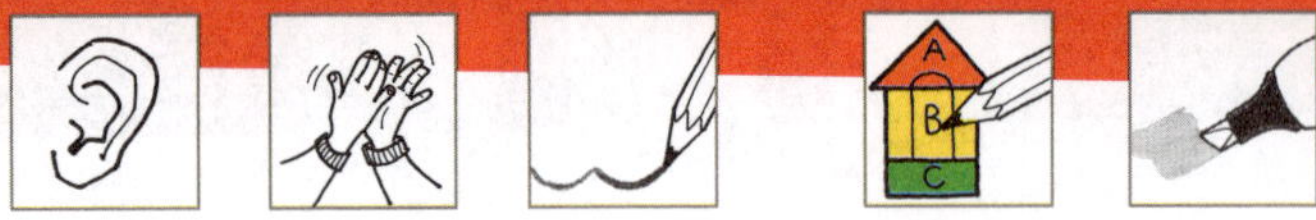

1

die

das

ff

der

ee

das

oo

der

ee

der

g

der

g

der

der

St d

der

eu g

das

ah d

das

1, 🐾: Silben klatschen/schwingen – Silbenbögen zeichnen; Wörter verschriften;
Differenzierung: Je nach Lernsituation des Kindes Tipps zum Schreiben nutzen (Vokale markieren);
Wortschatz: vgl. Kapiteleingangsbild im Erstlesebuch, Seiten 88/89.

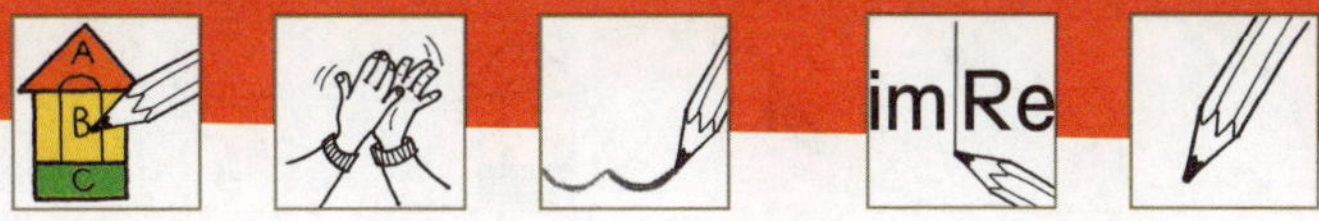

1 Schreibe die Wörter auf. Ergänze die Silbenbögen.

B

2 Mach nach jedem Wort einen Strich.
Schreibe den Satz mit Lücken auf.

Punkt nicht vergessen!

Der|Stauistlang.

Der

FatmabadetimMeer.

TimwandertmitMama.

ImZoosindvieleTiere.

1: Wörter mithilfe des Buchstabenhauses verschriften (pro Strich/Kasten ein Laut!), Silbenbögen setzen.
2: Wortgrenzen markieren und Sätze aufschreiben (Wortlücken und Punkt am Satzende beachten!).

Was ich in den Ferien mache

1 Schreibe die Wörter in der Tabelle richtig auf.

2 Ergänze die Sätze mit den Wörtern von Aufgabe 1.

gehen	ich gehe
spielen	ich
schlafen	
essen	
fahren	

Ich ______________ in den Zoo.

Ich ______________ im Zelt.

Ich ______________ Fahrrad.

Ich ______________ ein Eis.

Ich ______________ mit dem Ball.

Und was machst du in den Ferien?
Male und schreibe einen Satz.

Ich ______________________________

1: Verben in der richtigen Personalform in die Tabelle eintragen, Endungen markieren.
2: Sätze mithilfe der Bilder und Verben aus Aufgabe 1 sinnvoll ergänzen.
: Selbst ein Bild malen und einen Satz dazu schreiben.

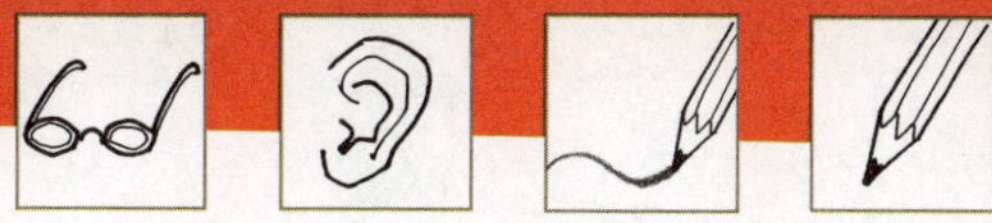

Tiere im Zoo und anderswo

1 Verbinde die Reimwörter.

Zelt	Klee	Land
See	Welt	Strand

Giraffe	Yacht	Meer
Teer	Affe	Nacht

2 Lies die Reime. Ergänze die fehlenden Reimwörter.

Erwachen hungrige Bären im Mai,
dann ist ihr Winterschlaf vorbei.

Der Dachs mag seine Streifen sehr,
am liebsten hätte er noch __________.

Den Esel hört man klagend schrein –
wer will schon gern ein Schimpfwort __________.

Zwei lange Ohren hat der Hase,
auch zuckt er häufig mit der __________.

Nase mehr ~~vorbei~~ sein

Anstatt mit einem kühnen Sprunge
jagt das Chamäleon mit der __________.

Edith Schreiber-Wicke

1: Passende Reimwörter miteinander verbinden.
2: Reime lesen und fehlende Reimwörter mithilfe des Wortspeichers sinnvoll ergänzen.
: Reim lesen und fehlendes Reimwort selbstständig sinnvoll ergänzen.

Ferienspaß

1 Was möchtest du in den Ferien tun? Schreibe es auf.

1: Eine kleine Geschichte zu den eigenen Ferien schreiben;
Differenzierung: Wörter und/oder Sätze zu den Bildern schreiben.

1

ein großes Yak
eine warme Nacht
eine weiße Yacht

eine riesige Python
eine alte Pyramide
ein gelber Pyjama

2

Ein Vater packt einen Koffer in das Auto.
Ein Kind packt seine Sachen in den Koffer.
Ein Kind cremt sich mit Sonnencreme ein.

3

Jonas und seine Eltern machen einen Ausflug in den Zoo.

Jonas trägt einen Rucksack.
Mama macht Fotos mit dem Handy.
Papa kauft Eis für alle.

Lies und male:
Der Wärter füttert den Seehund mit einem Fisch.
Im Eimer sind noch mehr Fische.
Ein Seehund spielt mit einem roten Ball.
Auf der Rutsche liegt ein grüner Ring.
Beide Kinder haben ein Eis in der Hand.

1, 2, 3: Zum Bild passende Wortgruppe, passenden Satz ankreuzen.
: Bild entsprechend den Satzaussagen anmalen und ergänzen; Differenzierung: Partnerlesen/Tandemlesen.

Sankt Martin

1

Pferd

1: Bild beschriften (Anlaute oder Wörter).

🐾: Satz oder kleine Geschichte zum Bild schreiben (vgl. Erstlesebuch, Seite 102).

Nikolaus

1 Was bringt der Nikolaus?

1: Malen oder aufschreiben, was der Nikolaus im Sack haben könnte (Wörter).
: Sätze oder eine kleine Nikolausgeschichte schreiben.

Weihnachten

1 Alle Kugeln sind gelb.
Oben auf der Tanne
ist ein goldener Stern.
Die Äpfel sind rot.
Unter dem Baum
ist ein blauer Ball.

Neben dem Ball ist ein Auto.

Da ist auch noch

1: Bild dem Text entsprechend ausmalen.
: Sich weitere Geschenke dazu ausdenken, aufschreiben und dazumalen.

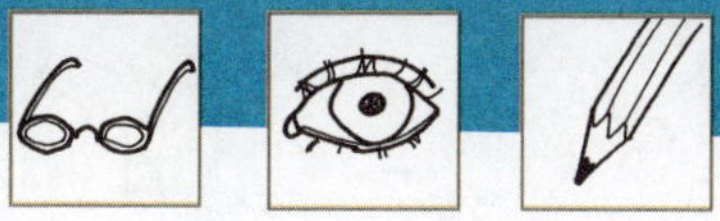

Ostern

1 Der braune Hase hockt ___auf___ dem Tisch.

Das rote Ei liegt __________ dem Schrank.

Das grüne Nest steckt __________ dem Kissen.

Das gelbe Küken sitzt __________ dem Regal.

Tinto ist __________ Schrank.

~~auf~~ hinter im unter vor

Die Schokolade liegt __________ dem Sessel.

Das Hasenbuch lehnt __________ Tisch.

Die Osterglocken sind __________ der Vase.

1: Sätze mithilfe des Bildes mit den passenden Präpositionen ergänzen, Wortspeicher als Hilfe nutzen.
: Sätze mithilfe des Bildes selbstständig mit den passenden Präpositionen ergänzen.

Geburtstag

1 Lena hat Geburtstag.
Auf der Kerze ist eine rote 7.
Auf dem Teller ist ein Kuchen.
Opa hat auch schon
zwei Geschenke gebracht.
Was mag da wohl drin sein?

Ein ______________________ und ______________________ .

2

EINLADUNG

Lieber Jonas ______ ,

ich werde bald ______ Jahre alt

und möchte dich einladen.

Wann? ______________________

Wo? ______________________

Uhrzeit? ______________________

Bitte sag mir Bescheid, ob du kommst.

Ich freue mich auf dich!

Deine ______________________

~~Jonas~~
Lena
Talstraße 1
sieben
12. August
15 Uhr

1: Das Bild entsprechend den Textaussagen ergänzen, möglichen Inhalt der Geschenke aufschreiben.
2: Einladung mithilfe des Wortspeichers passend ergänzen;
Differenzierung: Selbst eine Einladung zu einem besonderen Ereignis oder Fest schreiben.

Kennst du die Feste ?

1

Geburtstag

Ostern

Nikolaus

Weihnachten

Zuckerfest

Sankt Martin

Hier stellen viele Kinder
über Nacht einen Stiefel
vor die Tür.

Rote, gelbe, blaue Eier,
Eier in allen Farben
sind versteckt.

Ein netter Mann
hilft einem armen Mann:
Er teilt seinen Mantel.

Den feierst du,
wenn du wieder ein Jahr
älter geworden bist.

Das Fest feiern
die Muslime,
wenn der Fastenmonat
vorbei ist.

Das Fest feiern
die Christen, weil vor
zweitausend Jahren
Jesus geboren wurde.

1: Sätze lesen und mit den passenden Festen (Bildern) verbinden.

Spezialbuchstaben

Die Buchstaben im Keller
des Buchstabenhauses
sind etwas für Profis!
Genaues Abhören der Laute
hilft dir zunächst nicht weiter.
Du musst wissen,
welche Buchstaben hier gebraucht werden.
Auf den nächsten Seiten kannst du
alle Spezialbuchstaben üben.

Qu qu

Qualle

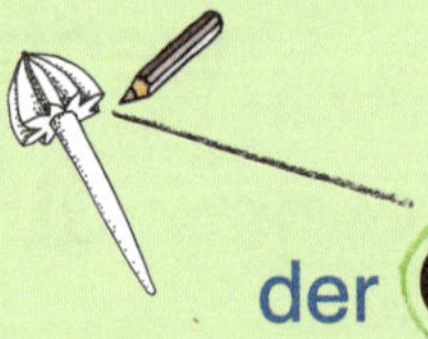

der Quirl

die Querflöte

die Kaulquappe

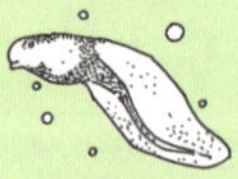

das Quartett

die Quelle

das Quadrat

Oben: Buchstabenkärtchen jeweils nach der Bearbeitung einkreisen, dazu passenden Gegenstand anmalen oder verbinden.
Unten links: Wörter verschriften, Qu/qu einkreisen; unten rechts: Qu/qu einkreisen, Wörter lesen und mit den Bildern verbinden.

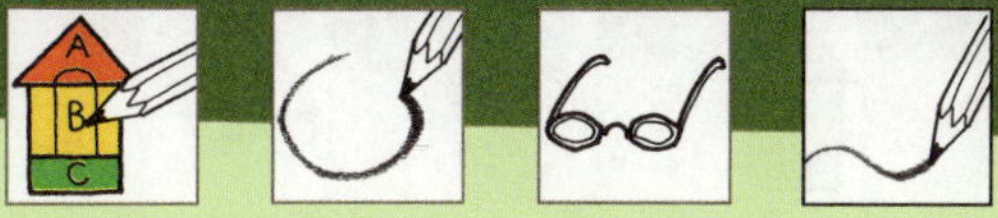

Sp sp

Spinne

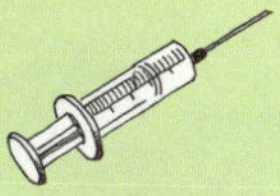

das Spiel

die Spritze

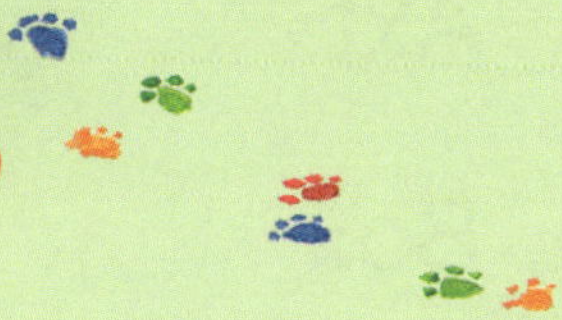

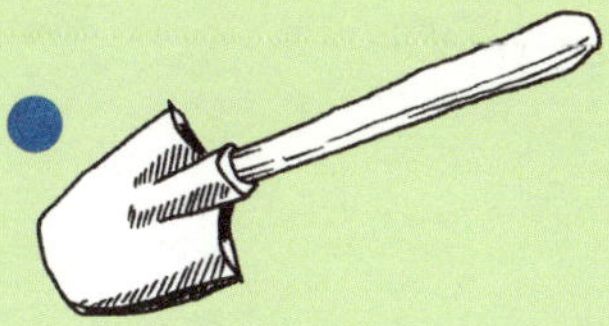

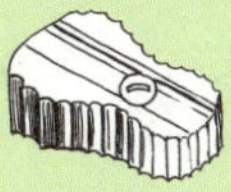

der Anspitzer

die Spardose

der Spiegel

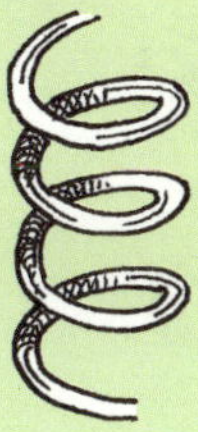

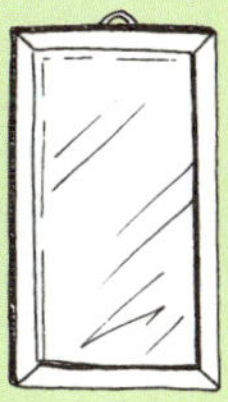

die Spagetti

St st

Stern

der Stiefel

der Storch

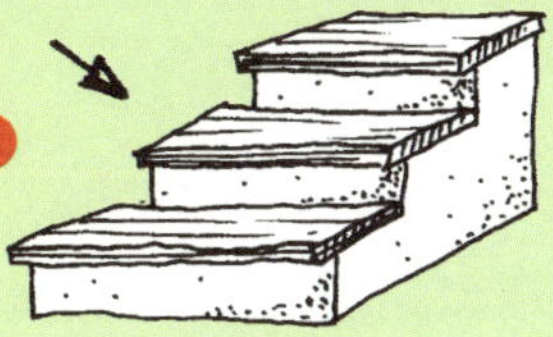

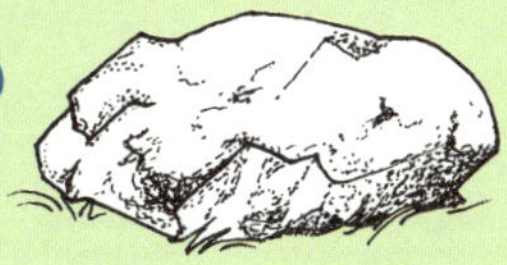

die Straße

der Schornstein

der Stuhl

der Buntstift

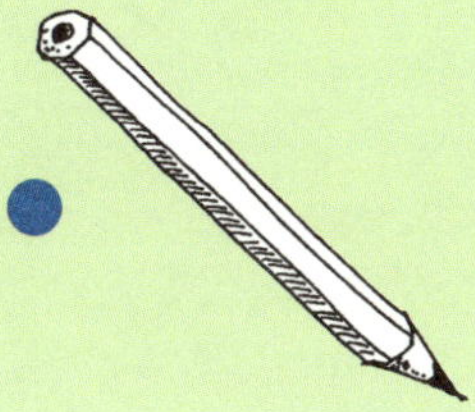

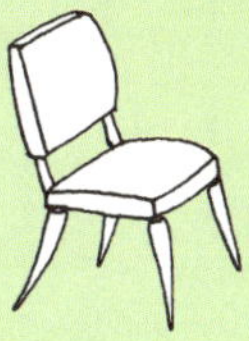

Links: Wörter verschriften, entsprechenden Laut einkreisen; rechts: Laut einkreisen, Wörter lesen und mit den Bildern verbinden.

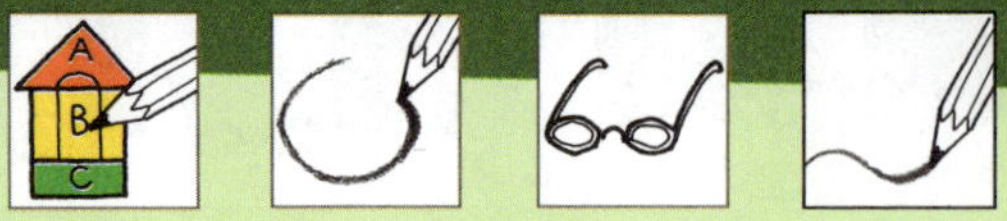

Xylofon

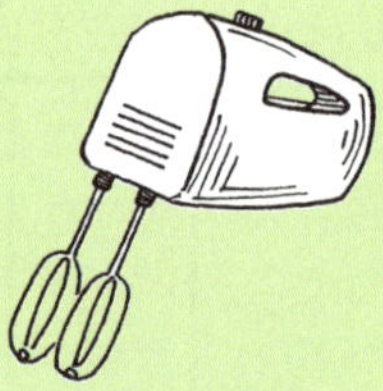

das Lexikon

die Axt

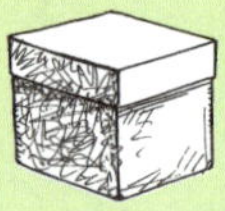

die Box

die Nixe

der Text

Max

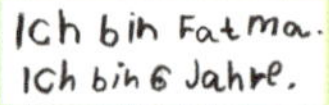

Yak

Baby

___ acht

Z ___ linder

Tedd ___

Hand ___

das Hobby

die Python

die Pyramide

das Pony

der Yeti

die Hyazinthe

Manchmal klingt das **y** auch wie **ü**.

Oben links: Wörter verschriften, X/x einkreisen; oben rechts: X/x einkreisen, Wörter lesen und mit den Bildern verbinden. Unten links: Y/y ergänzen und einkreisen; unten rechts: Y/y einkreisen, Wörter lesen und mit den Bildern verbinden.

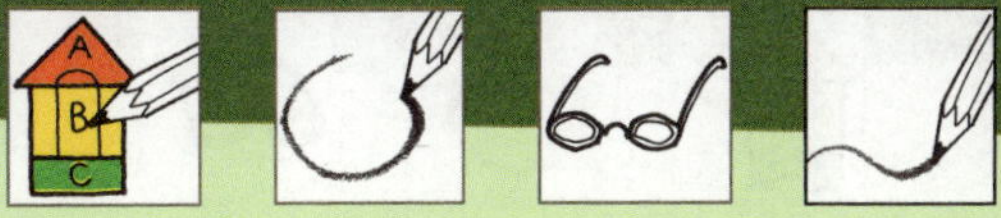

Vogel

Vase

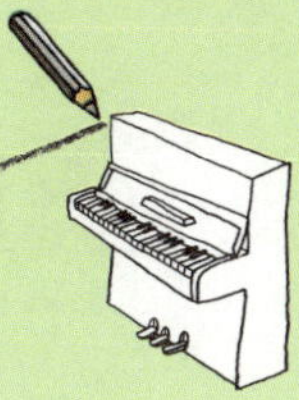

das Klavier

die Lokomotive

der Pullover

der Vollmond

violett

vier

K______

______

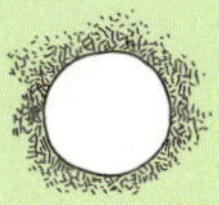

______

______

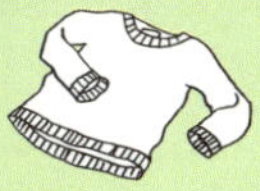

Computer

Cent

der Clown

die Currywurst

das Café

die Cornflakes

das Popcorn

circa

ungefähr

___omic

___ola

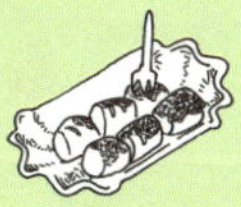

___amping

___reme

Oben links: Wörter verschriften, V/v einkreisen; oben rechts: V/v einkreisen, Wörter lesen und mit den Bildern verbinden.
Unten links: C/c ergänzen und einkreisen; unten rechts: C/c einkreisen, Wörter lesen und mit den Bildern verbinden.

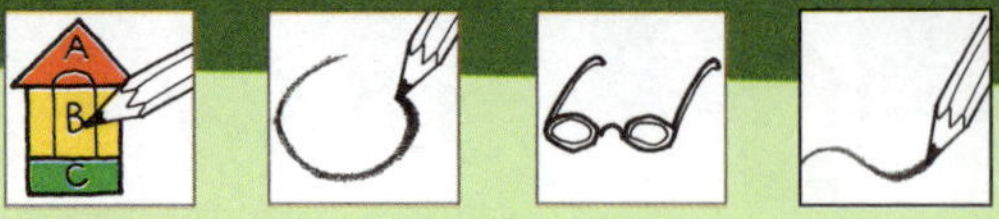

Pferd

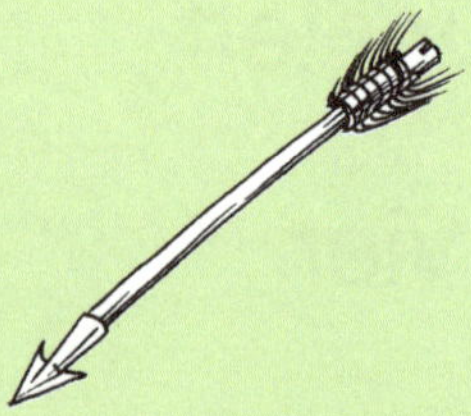

der Pfirsich

die Pfote

der Kopf

der Strumpf

die Pfeife

der Dampfer

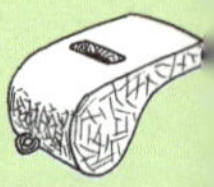

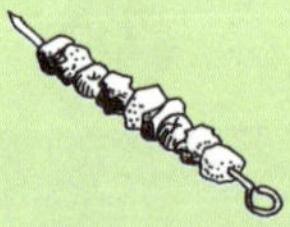

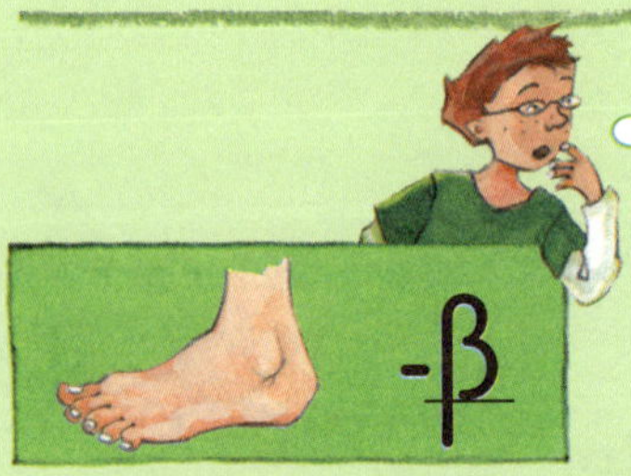

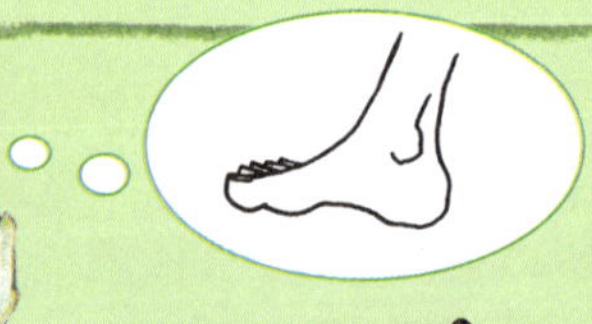

Fuß

die Gießkanne

der Fußball

der Spieß

der Großvater

das Maßband

weiß

Links: Wörter verschriften, entsprechenden Laut einkreisen; rechts: Laut einkreisen, Wörter lesen und mit den Bildern verbinden.

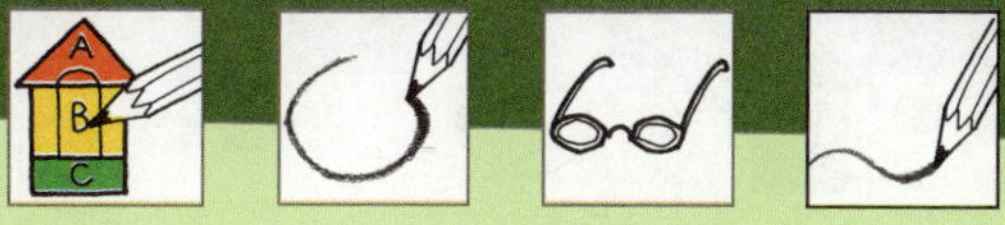

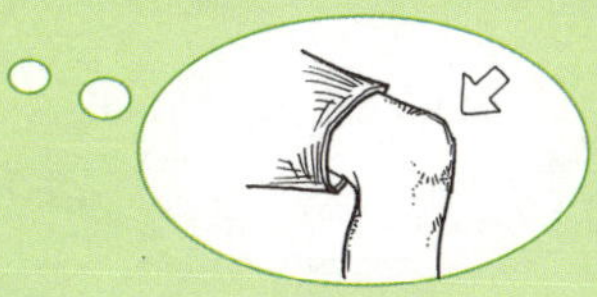

Knie

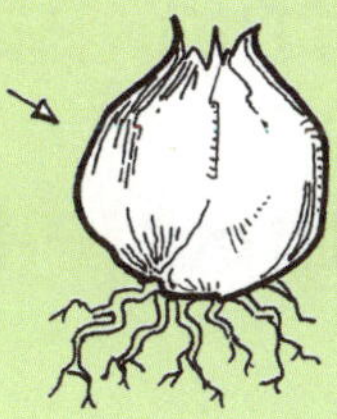

die Biene

die Ziege

der Stiefel

der Riese

der Spiegel

sieben

Sack

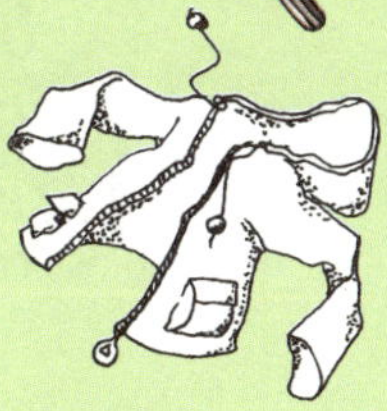

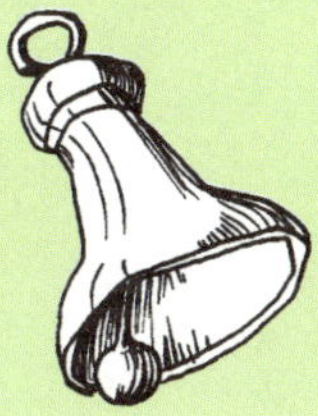

die Brücke

die Schnecke

der Wecker

die Decke

der Rucksack

der Fleck

Links: Wörter verschriften, entsprechenden Laut einkreisen; rechts: Laut einkreisen, Wörter lesen und mit den Bildern verbinden.

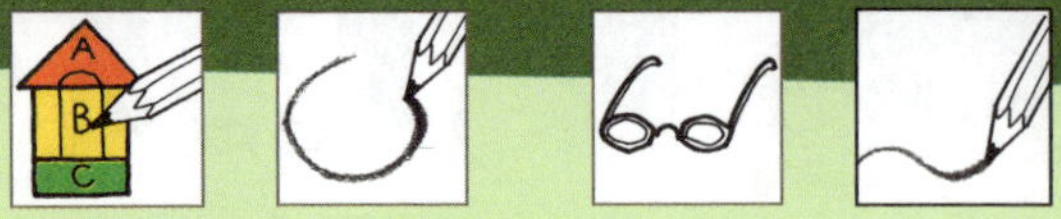

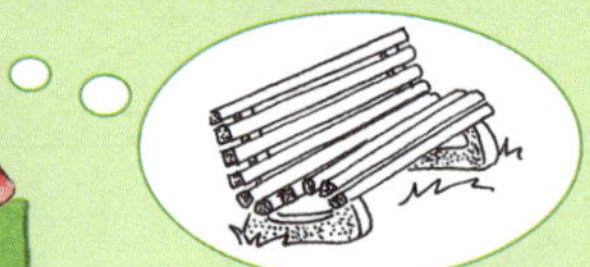

Bank

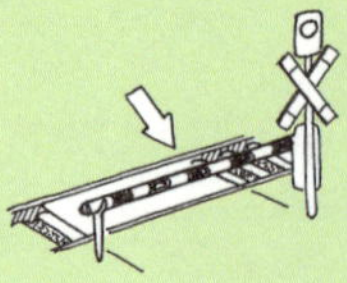

die Funken

der Punkt

die Schranke

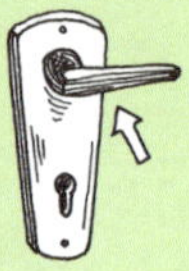

die Klinke

der Schinken

die Tankstelle

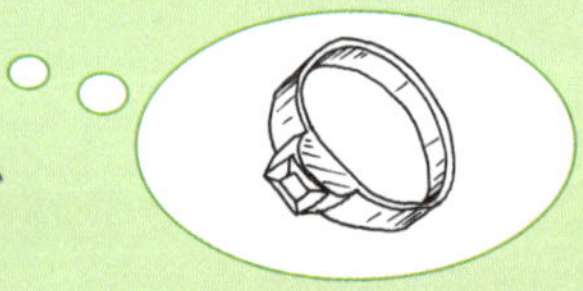

Ring

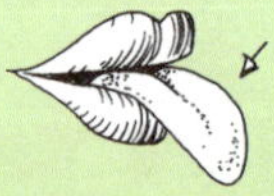

die Zeitung

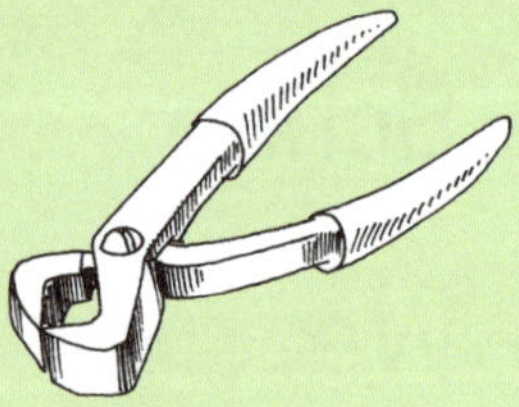

der Engel

die Zunge

die Klingel

der Schmetterling

der Junge

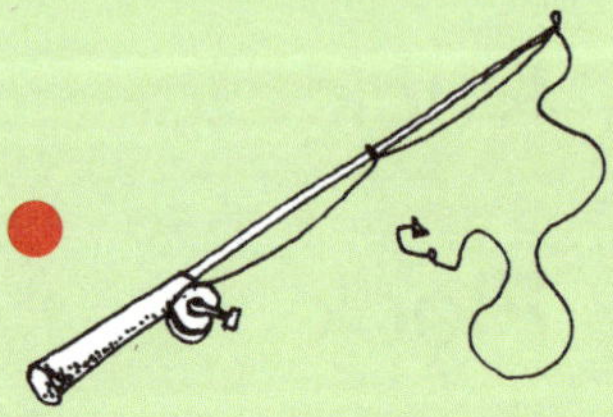

Links: Wörter verschriften, entsprechenden Laut einkreisen; rechts: Laut einkreisen, Wörter lesen und mit den Bildern verbinden.

Häufige Wörter

Wie viele Wörter kannst du in einer Minute lesen?

aber alle als …

A a
aber
alle, alles
als
also
am
an
auch
auf
aus

B b
bald
bei
bis

D d
da
dann
das
dein, deine
den
der
dich
die
diese
dir
doch
dort
du
durch

E e
ein, eine
einmal
er
es
etwas

F f
für

G g
ganz
gegen

H h
her
hier
hin
hinter

I i
ich
ihm, ihr
im
immer
in
ist

J j
ja
jede, jeder
jetzt

M m
man
mehr
mein, meine
mich
mir
mit

N n
nach
nein
nicht
nie
noch
nun
nur

O o
oder
oft
ohne

S s
schon
sehr
sein, seine
sich
sie
sind
so

U u
über
um
und
uns
unter

V v
viel
von
vor

W w
wann
warum
was
weg
weil
weiter
welche, welcher
wenn
wer
wie
wieder
wir
wo

Z z
zu
zum
zur

hier falten

TINTO
Wortschatz

Name: ____________________

Cornelsen

In der Schule

das **Buch**
die Bücher

der **Computer**
die Computer

das **Heft**
die Hefte

die **Klasse**
die Klassen

das **Lineal**
die Lineale

der **Name**
die Namen

das **Regal**
die Regale

die **Schere**
die Scheren

der **Stift**
die Stifte

die **Tafel**
die Tafeln

helfen
er hilft

lesen
er liest

malen
sie malt

rechnen
er rechnet

schreiben
sie schreibt

laut

leise

hier falten

Unterwegs

der **Bauernhof**
die Bauernhöfe

der **Berg**
die Berge

das **Eis**

das **Fahrrad**
die Fahrräder

das **Flugzeug**
die Flugzeuge

die **Insel**
die Inseln

der **Koffer**
die Koffer

das **Meer**
die Meere

der **See**
die Seen

der **Strand**
die Strände

das **Tier**
die Tiere

das **Zelt**
die Zelte

der **Zoo**
die Zoos

der **Zug**
die Züge

baden
sie badet

packen
er packt

reisen
sie reist

wandern
er wandert

heiß

Auf der Baustelle

der **Bagger**
die Bagger

der **Betonmischer**
die Betonmischer

die **Farbe**
die Farben

das **Fenster**
die Fenster

der **Hammer**
die Hämmer

das **Holz**
die Hölzer

die **Kelle**
die Kellen

der **Kran**
die Kräne

der **Nagel**
die Nägel

der **Pinsel**
die Pinsel

das **Quadrat**
die Quadrate

die **Säge**
die Sägen

der **Stein**
die Steine

die **Zange**
die Zangen

arbeiten
er arbeitet

bauen
sie baut

rollen
er rollt

eckig

rund

weiß

hier falten

Mein Schulweg

die **Ampel**
die Ampeln

das **Auto**
die Autos

der **Bus**
die Busse

der **Helm**
die Helme

der **Polizist**
die Polizisten

der **Roller**
die Roller

das **Schild**
die Schilder

die **Straße**
die Straßen

die **Weste**
die Westen

fahren
er fährt

gehen
sie geht

stehen
sie steht

rot

grün

Im Herbst

der **Apfel**
die Äpfel

der **Ast**
die Äste

der **Baum**
die Bäume

die **Birne**
die Birnen

das **Blatt**
die Blätter

der **Drachen**
die Drachen

der **Igel**
die Igel

die **Kastanie**
die Kastanien

der **Nebel**

der **Regen**

der **Wind**

basteln
er bastelt

sammeln
sie sammelt

bunt

gelb

glatt

hier falten

Am Wasser

die **Angel**
die Angeln

der **Anker**
die Anker

das **Boot**
die Boote

der **Fisch**
die Fische

der **Hafen**
die Häfen

der **Kapitän**
die Kapitäne

das **Papier**
die Papiere

die **Pfütze**
die Pfützen

das **Ruder**
die Ruder

das **Salz**

das **Schiff**
die Schiffe

das **Segel**
die Segel

der **Taucher**
die Taucher

das **Wasser**

angeln
er angelt

schwimmen
es schwimmt

sinken
es sinkt

spritzen
er spritzt

blau

nass

Frühling

die **Amsel**
die Amseln

die **Blume**
die Blumen

die **Blüte**
die Blüten

das **Ei**
die Eier

der **Flügel**
die Flügel

der **Himmel**

der **Krokus**
die Krokusse

die **Meise**
die Meisen

das **Nest**
die Nester

die **Osterglocke**
die Osterglocken

die **Raupe**
die Raupen

die **Sonne**

die **Tulpe**
die Tulpen

der **Vogel**
die Vögel

die **Wurzel**
die Wurzeln

blühen
sie blüht

fliegen
er fliegt

scheinen
sie scheint

hell

warm

hier falten

Zu Hause

das **Bett**
die Betten

das **Bild**
die Bilder

das **Dach**
die Dächer

der **Freund**
die **Freundin**

das **Haus**
die Häuser

die **Lampe**
die Lampen

das **Sofa**
die Sofas

die **Tonne**
die Tonnen

das **Zimmer**
die Zimmer

die **Familie**
die Familien

die **Mama**
die Mamas

der **Papa**
die Papas

die **Oma**
die Omas

der **Opa**
die Opas

die **Schwester**
die Schwestern

der **Bruder**
die Brüder

kaufen
er kauft

spielen
sie spielt

wohnen
sie wohnt

Hokuspokus

der **Becher**
die Becher

der **Frosch**
die Frösche

die **Hexe**
die Hexen

der **Kater**
die Kater

die **Maus**
die Mäuse

die **Prinzessin**
die Prinzessinnen

der **Saft**
die Säfte

das **Schloss**
die Schlösser

das **Seil**
die Seile

der **Teller**
die Teller

der **Tisch**
die Tische

der **Zauberer**
die Zauberer

essen
sie isst

kochen
sie kocht

trinken
er trinkt

zaubern
er zaubert

arm

reich

gut

böse

hier falten

Mein Körper

der **Arm**
die Arme

der **Arzt**
die Ärztin

das **Auge**
die Augen

der **Bauch**
die Bäuche

das **Bein**
die Beine

der **Fuß**
die Füße

die **Hand**
die Hände

der **Junge**
die Jungen

der **Kopf**
die Köpfe

der **Körper**
die Körper

das **Mädchen**
die Mädchen

der **Mund**
die Münder

die **Nase**
die Nasen

das **Ohr**
die Ohren

die **Seife**
die Seifen

der **Zahn**
die Zähne

hören
sie hört

sehen
er sieht

gesund

krank